本书系中央高校基本科研业务费专项资金项目「海外中国文献收藏历史与专题研究（项目编号：010814370114）」、国家社科基金重大项目「北美汉学发展与汉籍收藏的关系研究（项目编号：18ZDA285）」以及南京大学信息管理学院「亮点工程」阶段性研究成果。

本书为「十四五」时期江苏省重点出版规划（古籍出版规划）项目。

海外中国文献专题目录丛刊

谢欢 主编

耶鲁大学藏金陵大学档案目录提要

谢欢 编著

凤凰出版社

大项目也能看出[1]）。随着越来越多的海外中国文献的披露，许多传统的历史、文学、思想观念也在悄然发生着变化。那么，海外中国文献研究较之域外汉籍研究有何不同，它们主要研究什么问题、遵循何种理路、适用何种方法等等，都是值得学界探讨的。

一、从"域外汉籍"到"海外中国文献"

域外汉籍是指"在中国之外的用汉字撰写的各类典籍，其内容大多植根于中国的传统学术"，具体涵盖：（1）历史上域外文人用汉字书写的典籍，这些人包括朝鲜半岛、越南、日本、琉球、马来半岛等地的文人，以及17世纪以来欧美的传教士。（2）中国典籍的域外刊本或抄本，以及许多域外人士对中国古籍的选本、注本和评本。（3）流失在域外的中国古籍（包括残卷）[2]。中国现代意义的域外汉

---

[1] 仅以近三年国家社科基金重大项目选题为例，就有2019年度的"哥伦比亚大学图书馆藏顾维钧档案整理与研究""美国藏孔祥熙个人档案的整理研究与数字化建设""哈佛大学馆藏近代黑龙江历史资料整理研究（1906—1945）"等。2020年度的"东亚同文书院经济调查资料的整理与研究""海外藏回鹘文献整理与研究""中韩日出土简牍公文书资料分类整理与研究""17—20世纪国外学者研究中国宋元数理科学的历史考察和文献整理""英国藏汇丰银行涉华档案整理与研究（1865—1949）""抗战时期英国驻华大使馆档案文献整理与研究""1912年至1937年间日本驻华使领商务报告整理与研究""近代以来至二战结束期间日本涉华宣传史料的整理与研究""日藏巴黎统筹委员会档案文献的整理与研究""日韩所藏中国古逸文献整理与研究""日本天理图书馆藏汉籍调查编目、珍本复制与整理研究""海内外所藏汉族古代小说蒙古文译本整理与研究"等。2021年度的"俄罗斯西伯利亚远东地区藏1950年前中国共产党档案文献的整理与研究""共产国际联共（布）涉疆中共党员档案搜集整理编纂研究""海外藏中国糖业资料搜集、整理与研究""汉代海上丝绸之路沿线国家考古遗存研究及相关历史文献整理""韩国汉文史部文献编年与专题研究""外国历史教科书中的中国形象史料整理与研究""东南亚藏中国南海史料文献整理与研究""美国对朝鲜半岛政策档案文献整理与研究（1945—2001）""域外藏多语种民国佛教文献群的发掘、整理与研究""中国现代文学批评域外思想资源整理与研究（1907—1949）""日本馆藏中国共产党新闻宣传史料整理与研究（1921—1945）"等。

[2] 张伯伟：《域外汉籍研究入门》，上海：复旦大学出版社，2012年，第1-2页。

籍研究发轫于20世纪80年代中期的台湾[1]，20世纪90年代开始，大陆学者奋起直追。2000年，南京大学域外汉籍研究所（Institute for the Study of Asian Classics in Chinese, Nanjing University）的成立，标志着域外汉籍研究掀起了一个新的高潮，而大陆学者也逐渐取代台湾学者，成为中国域外汉籍研究的主力，相关研究成果不断涌现，域外汉籍研究正成长为一门崭新的学科[2]。从域外汉籍的定义及中国三十余年的域外汉籍研究史可知，域外汉籍的关注焦点在于"东亚"，特别是以汉字为核心的东亚汉文化圈，其内容侧重于"古典（classics）"的研究（这从南京大学域外汉籍研究所的英文名也能有所反映）。随着中国对外开放程度不断加大以及全球化进程的加快，在"域外汉籍"基础上发展而成的"海外中国文献"正逐渐成长为新的学术领域。

（一）海外中国文献的内涵及范围

所谓的海外中国文献，是指在中国以外的与中国有关的各类文献，具体而言，在以下方面与"域外汉籍"有所区别：

1. 语种。除了汉文文献之外，还包含英语、日语、法语、德语、俄语等语种书写的与中国有关的文献。

2. 文献类型。相较于域外汉籍侧重于图书（或古籍），海外中国文献所涵盖的文献类型更为广泛。如按照出版形式划分，除图书外，还包括档案、期刊、报纸、舆图、学位论文等各类文献；按照文献加工程度划分，除图书、期刊、报纸等一次文献之外，还有很多关于中国的书目、索引等二次文献；按照文献存储介质划分，可分为纸质文献、视听文献（如哥伦比亚大学收藏的近代中国人物口述档案），而随着信息化、数字化浪潮的加剧，在不久的将来，各种电子文献必将

---

[1] 通常以台湾联合报国学文献馆（文化基金会）1986年起与日本、韩国、美国等有关机构发起的"中国域外汉籍国际学术会议"为标志，该会议从1986年开始每年举办一次，到1995年共召开了10次。相关可参见陈捷：《中国域外汉籍国际学术会议述略》，载《中国典籍与文化》1992年第1期，第125-127页。

[2] 王勇：《从"汉籍"到"域外汉籍"》，《浙江大学学报（人文社会科学版）》2011年第6期。

成为海外中国文献的重要组成部分。

3. 年限。现有的域外汉籍界定通常都是以 20 世纪为限，对于 20 世纪以后的文献基本不予关注，而海外中国文献的年限范围则较长，时间跨度可以从马可波罗—利玛窦时代，即西方开始相对有系统地关注中国以来，一直到当下，这一时期产生的文献都属于海外中国文献的研究范围。

4. 学科覆盖。海外中国文献的学科范围较之域外汉籍更为宽广，在传统人文科学的基础上，延伸至各类社会科学甚至自然科学。

（二）海外中国文献的特点

从上述对于海外中国文献的定义及范围的界定可知，海外中国文献具有四个特点：

其一，以中国为核心。海外中国文献范围广、类型多、时间跨度长，但是其核心特征必须是与中国有关。何为"中国"？这是近年来学界的一个热点话题。从主权归属来看，"中国"是包括 34 个省级行政区的独立主权国家；从文化来看，通常而言，凡是有中国人的地方，就有"中国"。而海外中国文献中的"中国"，更多的是从文化角度来定义的，凡是内容涉及中国的历史、地理交通、风土人情、生活方式、宗教信仰、文学艺术、制度法律、语言文字等都属于海外中国文献范畴。

其二，跨文化性。文献是文化的重要载体与表现形式，而海外中国文献，尤其是那些西人撰写的或者中国人用外文书写的文献，不仅是中国文化的延伸，更是中国文化与西方文化融合的结晶，具有跨文化的属性。即使那些纯粹的中文古籍，身处海外图书馆、档案馆，被用西方的方式进行收藏、分类、编目，其身上早也具备了所在区域的文化特征。

其三，多样性。从上述对于海外中国文献的语种、类型、年限的界定可知，海外中国文献具有多样性的特点，这一点自 20 世纪中后期以来尤为明显。美国乔治华盛顿大学（George Washington University）中国问题专家沈大伟（David Shambaugh）2010 年在接受采访时曾指出，到 2010 年左右，美国大学和智库大概有3000人在研究中国问题[1]，这些人研究范围涉及中国的方方面面，其产生的文献无论是在数量还是在类型、涵盖范围等方面都是非常多样化的，而这仅仅是美国在2010年左右的数据。随着全球化、信息化的发展，海外中国文献多样性的特征将会愈发明显。

其四，零散性。伴随着多样性的另一个重要特征就是零散性，从上文对于海外中国文献文种、类型等界定来看，海外中国文献范围是非常广泛的，尤其是档案、舆图等，分布较为零散。除了明确以中国为主题的文献外，还有相当一部分内容是分散在各种文献类型中的，如图书章节、期刊文章、报纸文章等。以第二次世界大战期间的美国报纸为例，在二战期间刊发了大量的和中国有关的报道，这些新闻报道对于研究中国抗战以及二战时期的中美关系都有着非常重要的参考价值，但是这些新闻报道由于分布零散，给系统整理、研究带来了不小的困难。

（三）"域外汉籍"与"海外中国文献"的关系

从上文对于域外汉籍和海外中国文献的定义来看，域外汉籍无疑是海外中国文献的一部分，而域外汉籍研究同样也属于海外中国文献研究的重要组成部分，但是两者还是有所不同。域外汉籍研究，其研究对象主要为汉文典籍，更确切地说是东亚汉籍，属于传统汉学（Sinology）研究范畴，其重点在于探讨中国文化对于东亚汉文化圈的影响，其本质反映的是学术研究从"中国之中国"走向"亚洲之中国"。而随着全球化进程的加快以及中外各种交流的愈发频繁、紧密，传统汉学研究逐渐被更为广泛的"中国研究（Chinese Studies）"所取代，海外中国文献研究在域外汉籍研究的基础上更加注重档案、期刊、报纸、舆图等资料，关注的重心也从"古典的""单向式"的研究发展为"古今结合""中外双向互动式"的研究。从某种程度而言，海外中国文献研究兴起的背后，折射出的是全球化时

---

[1] 梁怡、王爱云：《西方学者视野中的国外中国问题研究——访美国乔治华盛顿大学教授沈大伟》，《中共党史研究》2010年第4期。

代的学术研究，即所谓"世界之中国"[1]。

二、现有海外中国文献研究范式

就目前海外中国文献研究情况来看，主要有三种研究范式：第一，文学视角下的海外汉籍研究；第二，史学视角下的海外中国专题档案研究；第三，图书馆学视角下的海外中国文献目录编制研究。

（一）文学视角下的海外汉籍研究

海外汉籍研究自20世纪80年代至今，经历了从"海外汉籍的收集、整理与介绍"到"海外汉籍所蕴含问题的分析、阐释"再到"针对海外汉籍特色寻求独特研究方法"的阶段（这三个阶段并不是取代关系而是有所交叉）[2]，形成了比较成熟的海外汉籍研究范式，研究成果比较多[3]。

文学视角下的海外汉籍研究，其研究范围主要是以日本、韩国、朝鲜、越南等东亚汉文化圈国家所藏汉文典籍特别是传统经典为研究对象，探索各类典籍的内容、版本形态及流传，其关切点在于汉籍所承载的文化在东亚诸国之间的互动与交流。文学视角下的海外汉籍研究以南京大学域外汉籍研究所为代表，该所主

---

[1] 1901年，梁启超在《清议报》第90期、第91期发表《中国史叙论》（署名"任公"），其中在第91期刊发的该文第八节"时代之区分"中，梁启超提出了中国历史时代的三段划分，即"第一上世史。自黄帝以迄秦之一统，是为中国之中国……第二中世史。自秦一统后至清代乾隆之末年，是为亚洲之中国……第三近世史。自乾隆末年以至于今日，是为世界之中国"。梁启超在《中国史叙论》中提出的"中国之中国""亚洲之中国""世界之中国"与本文所指含义有所区别，本文中只是借用梁启超提出的概念，表达中国学术研究之走向。

[2] 张伯伟：《新材料·新问题·新方法——域外汉籍研究三阶段》，《史学理论研究》2016年第2期。

[3] 相关成果介绍可参见：金程宇：《近十年中国域外汉籍研究述评》，《南京大学学报（哲学·人文科学·社会科学）》2010年第3期。徐林平、孙晓：《近三十年来域外汉籍整理概况述略》，中国社会科学院历史研究所文化研究室编：《形象史学研究（2011）》，北京：人民出版社，2012年，第222-241页。

编的"域外汉籍研究丛书"、"域外汉籍资料丛书"、学术期刊《域外汉籍研究集刊》以及主办的"域外汉籍国际学术研讨会",在海内外都产生了非常重要的影响。其他如上海师范大学域外汉文古文献研究中心、复旦大学文史研究院等机构,也都是中国海外汉籍研究领域的重要学术力量。

(二)史学视角下的海外中国专题档案研究

史料是史学研究的基础与保障,因此,对于史学界而言,更多的是关注海外所藏文书档案的利用与研究。随着近代新史学的建立,中国学者逐渐开始重视对海外中国档案资料的利用,如早期王重民、向达等人对于欧洲所藏敦煌文书的研究与整理,王绳祖对于英国所藏中英关系外交档案的研究与利用等,不过总体而言,民国时期历史学者对于海外所藏中国文献资料的利用还处于"萌芽状态"。1949年,中华人民共和国成立以后,由于诸多原因,中国内地与海外特别是所谓资本主义阵营收藏的中国文献处于"隔绝状态",而这一时期,港台等地历史研究人员,则逐渐意识到海外所藏中国有关档案资料的重要性,竞相赴欧美档案馆、图书馆查阅、利用相关档案文献。

1978年,随着改革开放以及欧美与中国有关的机构或人员(如民国时期在华工作过的教师、外交人员、新闻记者等)将其收藏的与中国有关的档案资料捐赠给图书馆、档案馆,越来越多的历史学者开始赴欧美查访相关档案,如章开沅在20世纪八九十年代赴美国,对于贝德士档案、近代来华传教士档案的利用与介绍。但是中国历史学界真正有系统地对海外所藏中国档案进行整理、研究则是21世纪以后,如南京大学中华民国史研究中心对于海外有关南京大屠杀、钓鱼岛问题档案的整理与出版,华东师范大学沈志华教授对于苏联档案的研究与整理,华中师范大学马敏教授对于欧美所藏来华传教士档案的研究与利用,复旦大学吴景平教授对于美国所藏民国财金档案的搜集与整理,浙江大学陈红民教授对于海外国民党档案的整理与研究,以及2012年中国历史研究院启动的"海外近代中国珍稀文献搜集、整理与研究工程"等[1],都极大地推动了中国历史学特别是近

---

[1] 陈谦平:《民国史研究多国史料的运用与国际化视角》,《民国档案》2020年第3期。

现代史的研究。

就目前情况来看，当下中国史学界对于海外中国文献的研究正如火如荼地展开，其大致呈现出如下几个特点：第一，关注的文献年代以近代特别是民国时期为主；第二，除少数项目涉及跨机构档案资料外，大部分都是以某图书馆所藏某一类专题档案为主；第三，除沈志华等极少数人之外，大部分都依托于大型国家项目资助；第四，整理与出版并重，多卷本的档案史料汇编不断涌现（如《美国哈佛大学哈佛燕京图书馆藏蒋廷黻资料》[陈红民、傅敏主编，广西师大出版社2014年出版，24册]、《李顿调查团档案文献集[第一辑]》[张生主编，南京大学出版社2020年出版，14册]），出版呈现欣荣之势。

（三）图书馆学视角下的海外中国文献目录编制研究

中国图书馆学学者是较早关注到海外中国文献价值的群体，早在20世纪20年代，时在美国学习图书馆学的李小缘、袁同礼在国会图书馆中文部实习期间，就开始编纂有关书目，而李小缘先生更是把"西人论华书目"作为毕生的课题，编制了数万张卡片（不过由于一些特殊原因，这些卡片后来散佚了），1958年袁同礼在法国汉学家亨利·考狄（Henry Cordier）所编《汉学书目》（*Bibliotheca Sinica*）基础上出版的《西文汉学书目》（*China in Western Literature: A Continuation of Cordier's Bibliotheca Sinica*）早也成为欧美汉学研究的必备参考书之一。图书馆学视角下的海外中国文献研究主体是西方特别是美国国会图书馆及各大东亚图书馆中的中国研究员群体，如吴光清、钱存训、吴文津、郑炯文、沈津、李国庆、徐鸿、张海惠、王成志等，他们先后赴美学习图书馆学，毕业后留在各东亚图书馆工作，或出于职业需要，或出于中国认同，对于海外所藏有关中国的文献进行整理编目，并用中文或英文出版专门的目录。中文方面，近年来有《北美中国学——研究概述与文献资源》（张海惠主编，中华书局2010年版）、《美国哈佛大学哈佛燕京图书馆藏中文善本书志》（沈津，广西师大出版社2011年版）、《美国柏克莱加州大学东亚图书馆藏宋元珍本图录》（柏克莱加州大学东亚图书馆编，中华书局2014年版）等，英文方面近年来最主要的应该是2016年哥伦比亚大学出版社（Columbia University Press）出版的王成志（Chengzhi Wang）与陈肃

(Su Chen)两人合作编纂的《北美民国研究档案资源指要》(*Archival Resources of Republican China in North America*)。

而就目前图书馆学界对于海外中国文献的研究情况来看,哈佛、普林斯顿、加州大学洛杉矶分校等几所著名大学东亚图书馆是绝对主力,其中又以哈佛大学燕京图书馆为最。哈佛燕京图书馆一方面得益于丰富的馆藏文献资源,另一方面由于经费相对比较充裕,除了本馆职员外,每年还会邀请一部分中国图书馆馆员赴美协助从事馆藏文献的整理与编目。目录是揭示文献的重要工具,特别是很多用英文编纂的与中国有关的文献目录,国内尚缺乏全面、系统的了解,这也是未来学界需要注意的一个内容。

(四)现有海外中国文献研究评述

上述三种范式并不是绝对独立的,很多也都存在交叉,例如文学、史学领域的一些学者在研究海外中国文献时也会编纂书目,如北京大学严绍璗教授编辑的《日藏汉籍善本书录》(中华书局,2007年)、中山大学黄仕忠教授编辑的《日藏中国戏曲文献综录》(广西师范大学出版社,2010年)等。从上述简要回顾来看,目前海外中国文献研究正呈现出国际化、跨学科态势,虽然取得了很大的成就,但还是存在一些问题,包括最基本的海外中国文献存量、分布情况,即使以最早开始研究的海外中文古籍为例,目前也没有完全厘清海外到底有多少中国古籍,其分布情况如何。至于其他图书、期刊、档案、舆图等文献,那就更不甚明了。而从研究深度而言,目前总体还是停留在比较浅的层次,即重点在于对海外中国文献的介绍及内容研究,至于这些文献背后所承载的文化、中国文献流转过程、产生背景等还有待进一步深入。

三、海外中国文献研究路径

文献作为时代、文化的重要表现形式之一,其价值早已为学界所公认。文献研究也是各类学术研究的基点,如果离开了海外中国文献的研究,那么基于此的海外中国学的研究必将也是"无根之木、无源之水"（严绍璗语）[1]。上文回顾了海外中国文献的内涵、类型及研究现状，而从愈发欣荣的海外中国文献研究情况来看，其未来肯定是朝着跨学科、国际化协作的路径发展。具体而言，笔者认为可以遵循以下的路径：

（一）以目录为切入，摸清海外中国文献存量

目前虽然有文学、历史学、图书馆学等领域的学者在对海外中国文献进行研究，但是最基本的问题，即海外中国文献、海外中国学研究人员的数量、分布情况等问题，我们到现在仍然没有完全弄清楚，即使从最早开展海外中文古籍研究的域外汉籍研究共同体来看，对于海外有多少中国古籍、其分布情况如何、现状如何，目前也没有完全厘清，就更别提档案、期刊、报纸等专题文献了。当然，造成这一现状的重要原因之一是海外中国文献的零散性与多样性。海外中国文献的存量、分布情况、现状等问题的厘清是开展海外中国文献研究的基础，因此，在未来开展海外中国文献研究的过程中，我们必须将基础夯实，通过国际化、跨学科、跨机构的合作，尽快揭示海外中国文献的分布全貌，而各种目录就是很好的揭示工具之一。虽然，目前已经出版了很多目录，但是还有很多值得推进的地方，笔者认为，未来海外中国文献的目录编纂应该从如下三个方面开展：

一、从善本图书目录到各类专题文献目录。目前已经出版的海外中国文献目录中，绝大部分都是中文古籍或善本图书目录，2015年中华书局牵头启动的"海外中文古籍总目"项目，主要也是针对海外中文古籍。然而，除了中文古籍之外，海外还有相当数量的其他类型文献，特别是大量的档案文献，这些都亟待整理编目，在编纂这些非善本类文献目录时，笔者认为，最好是以专题形式进行，如"海外所藏蒋廷黻档案目录""海外所藏宋子文档案目录""海外所藏中国教会大学档案目录"等。在这些已有的文献目录基础上，还可以进一步开发，编纂深层次的专题文献目录，例如"《纽约时报》所载中国专题报道目录""二战时期

---

[1] 严绍璗：《我对Sinology的理解和思考》，《国际汉学》2006年第4期。

美国报刊刊载中国报道目录"等,这种深层次的专题目录其实带有很强的研究性质,对于目录编纂人员而言,要求也较高。但是,这些专题目录,特别是那些真正做到既有"目"又有"录"的专题目录,不仅能够精准揭示文献内容,对于学者的研究更是大有裨益。

二、从馆藏目录到联合目录。目前已经出版的很多海外中国文献目录,多是基于某一机构(主要是图书馆)的某种文献,如《美国哈佛大学哈佛燕京图书馆中文善本书志》《美国耶鲁大学图书馆中文古籍目录》《英国曼彻斯特大学约翰·赖兰兹图书馆中文古籍目录》等,而未来,联合目录是必然趋势。关于联合目录,早在20世纪90年代,中美就开始合作,普林斯顿大学图书馆曾联合哥伦比亚大学图书馆、北京图书馆(现中国国家图书馆)、中国科学院图书馆等启动中文善本书国际联合目录项目,后来还开发了"中华古籍善本国际联合书目系统",但该系统主要针对中文善本,且在收录范围、用户体验方面存在诸多不足,因此并未大范围普及。未来海外中国文献联合目录的编纂,应该在中文善本目录的基础上朝着更加多样化的方向演进,如可以编纂《美国东亚图书馆馆藏中国近代报刊联合目录》《北美地区近代来华传教士档案联合目录》等,不过联合目录的编纂必须基于现有馆藏目录,包括美国东亚图书馆在内,海外不少机构或囿于经费,或囿于人力,尚未对馆藏中国文献进行充分的整理,而从近年来越来越多的中国学人利用重大课题或赴国外访学的机会,与国外机构联合整理编纂相关目录实践来看,国际化的协作应该是解决海外中国文献目录编纂问题的重要途径。

三、从纸质目录到数字化、智能化目录。信息技术的快速发展,不仅改变了人类日常生活,而且也改变了学术研究的范式。越来越多的信息技术被引入学术研究过程,就海外中国文献目录编纂发展来看,数字化应该也是大势所趋。目前很多国外机构如哈佛大学、普林斯顿大学、耶鲁大学等都将本馆所藏的一些中文古籍、中国有关档案免费开放供人们利用。与此同时,欧美很多机构也利用网络平台,在线合作开展相关中国文献的整理、编目,如笔者曾参与美国卡尔顿学院所藏有关中国照片的整理项目,该项目就是中美学者共同在一个平台上,对有关文献进行编目。虽然,目前尚缺少一个有效的揭示海外中国文献的专门平台,但是可以预见,在不久的将来,这类平台肯定会出现。这些平台,不仅具备传统纸质目录的最基本的检索功能，而且能够通过有关技术，实现目录数据的关联，让目录变得更加智能化，从而更加便利学者的研究。

以上所谈及的海外中国文献目录编纂的专题化、联合化、数字化/智能化路径，并不是谁取代谁、谁先谁后，三者很有可能是交叉融合、齐头并进。

（二）辨析"我者"与"他者"

掌握海外中国文献的数量、分布情况是海外中国文献研究的基础，在此基础上则可以进行海外中国文献的研究，而在从事海外中国文献研究时，首先需要区分"我者"与"他者"。在大部分海外中国文献中，尤其是西人撰写的与中国有关的文献中，"中国"都是作为"他者"存在的。这种"他者"或是西人为了彰显本国文化优势而予以批判的一个对象，或是西人对本国文化不满而寻求的"乌托邦式的想象"。不管是出于何种目的，可以明确的是，由于文化、语言等一些因素的制约，很多西人对于中国的认识都是非常片面的，"对于中国文化中的有些现象或意义会无端放大"[1]，对于中国文化有些重要价值观念也会故意视而不见。如汪荣祖先生曾就发现包括著名史家史景迁（Jonathan D. Spence）在内的很多西方汉学家，因为语言关系，在英文著作中存在"离谱的误读""严重的曲解""荒唐的扭曲""不自觉的概念偏差""颠倒黑白的传记""居心叵测的翻案"六大问题[2]。而中国学者在研究海外中国文献时，很多情况下都会情不自禁地将这些文献中的"中国"内化成一种"我者"的存在，如果不注意的话，很容易就会产生一些偏差。此外，一些中国学者在面对海外中国文献时，或会不自觉地"矮化"，觉得西人的中国研究就高人一等；或持有传统"殖民主义""侵略主义"观点，认为海外中国文献代表了西方对中国的"殖民"或"侵略"。以上都不是对待海外中国文献应有的态度。因此，中国学者在开展海外中国文献研究时，首先是要明确区分"我者"与"他者"，要尽量保持一种相对"超我"的状

---

[1] 王汎森：《天才为何成群地来》，北京：社会科学文献出版社，2019年，第250页。
[2] 详细可参见汪荣祖：《海外中国史研究值得警惕的六大问题》，《国际汉学》2020年第2期。

态，以一种客观的视角去与这些文献"平等对话"[1]。

(三) 探寻"脉络性转换"路径

中国学者在面对海外中国文献时，在辨析"我者"与"他者"后，有时还需要探寻"脉络性转换"的路径。台湾学者黄俊杰曾指出文化交流中存在着一种"去脉络化(de-contextualization)"与"再脉络化(re-contextualization)"的现象，具体而言是指"原生于甲地(例如中国)的诸多概念或文本，在传播到乙地(例如朝鲜或日本)之际常被'去脉络化'，并被赋予新义而'再脉络化'于乙地的文化或思想风土之中。经过'脉络性的转换'之后，传入异域的人物、思想、信仰与文本，就会取得崭新的含义，也会具有新的价值"[2]。这种现象在海外中国文献中也非常普遍，尤其是那些产生于中国后流转至海外的中文文献，在研究这类文献时，我们不仅要研究其内容、现状，更要重视流转"过程"的研究。例如，美国弗吉尼亚大学图书馆收藏的马鉴藏书，就经历了北京—成都—香港—美国的流转历程[3]，而这一流转过程的背后其实是中国近代历史进程的一个缩影。又如中国文学的小说、戏曲、民歌等在西方分类体系中地位经历了由低到高的过程，而中国原有一些文体概念(如诗、词、曲等)在与西方文体对应过程中，外延被缩小或扩大，同时被植入西方内涵，转换生新，演变为现代文体概念[4]，这其实就是"脉络性转换"现象，而这也是海外中国文献研究时需要研究的问题。

厘清"脉络性转换"路径就要求我们重视对海外中国文献生产"过程"的研究，如利用概念史、观念史等方法对有关文本进行分析，探寻相关文献生产主体对于中国认识的演变历程；又如通过对海外华人图书馆员群体的研究，了解海外中国文献的流转情况以及华人图书馆员在海外中国研究中的媒介作用等，这些都

---

[1] 张西平：《游心书屋札记：问学寻思录》，北京：中华书局，2019年，第3页。
[2] 黄俊杰：《东亚文化交流中的"去脉络化"与"再脉络化现象"及其研究方法论问题》，《东亚观念史集刊》2012年第2期，台北：政大出版社，第59页。
[3] 李刚，谢欢：《美国维吉尼亚大学图书馆马鉴藏书研究》，《图书馆论坛》2016年第7期。
[4] 宋莉华：《西方早期汉籍目录的中国文学分类考察》，《中国社会科学》2018年第10期。

是探寻"脉络性转换"的好方法。

（四）以海外中国文献为基点，更好地理解中国

在区分"我者"与"他者"，完成"脉络性转换"探寻之后，就进入到海外中国文献研究的核心阶段，即如何通过这些海外文献来理解中国。程章灿教授曾指出中国古代的每一种文献形态都是了不起的文化创造，对于中国文化有着不可磨灭的文化功绩，并提出以文献为基点理解中国文化[1]。这一观点同样适用于海外中国文献，可以说存在的每一种海外中国文献，都是"中国"的表现形式之一。全球化时代的到来，不管是"一带一路"合作倡议，还是"人类命运共同体"的构建，当下的中国已经置身于全球化体系中，不可能"闭关锁国""一人独语"，我们必须在开放的系统中，打破以往的"东""西"二元对立，将中国真正置于全球中来认识、理解，将海外中国文献作为一种"他山之石"，作为一只"异域之眼"。

"一个国家之所以伟大，条件之一就是既能够吸引别人的注意力，又能够持续保有这种吸引力。当西方刚刚接触中国时，中国就明显表现出这种能力；几世纪以来，流行风潮的无常，政治情势的改变，也许曾使中国的光彩暂且蒙尘，但是中国的吸引力却从未完全消失过。"[2] 大量的海外中国文献，代表了西方国家对于中国的兴趣，不同时期，对于中国的认识、理解都会在同时期的文献上有所反映，我们应该以这些文献为起点，分析其背后的文化土壤，同时与同时期的中国相对比，找到其中的异同，更加客观、全面地认识中国、理解中国，找到中国文化对于世界文化的贡献，在世界体系中构建新的中国叙述模式。

---

[1] 程章灿：《以文献为基点理解中国文化》，《中国社会科学报》2012年3月21日B04版。
[2] 史景迁：《大汗之国：西方眼中的中国》，阮叔梅译，桂林：广西师范大学出版社，2013年，第7页。

四、南京大学海外中国文献研究传统

从上文的论述已经隐约可以看到南京大学在海外中国文献研究领域是得风气之先的,这或许也是得益于南京大学优良的学术传统。目前的南京大学是由两条学脉汇聚而成,一条是金陵大学,另一条则是南京高等师范学校—国立东南大学—中央大学一脉,而这两脉对于海外中国文献的关注都是比较早的。金陵大学以李小缘先生(1898—1959)为代表,1921年李小缘赴美留学,他在国会图书馆及哥伦比亚大学兼职工作时,就已开始关注海外中国文献,并编纂相应的书目,1925年回国后也从未停止对海外中国文献的追踪,特别是后来担任金陵大学中国文化研究所主任以后,西方的东方学文献,一直都是中国文化研究所的重点收藏,而李小缘先生终其一生都未停止"西人论华书目"的编纂。另一学脉国立东南大学早在1923年拟定的《国立东南大学国学院整理国学计画书》中对于"国学"的范围就有如下界定:"故今日国学之范围,当注目于用中国语言文字记录之书。不独中国旧有书籍遗落他邦者亟当收回,凡他邦人如近则日本、朝鲜、越南,远则欧美诸国,有用中国语言文字记录之书,亦当在整理之列。"[1] 虽然这一定义着眼点在于中文文献,但是其蕴含的世界学术眼光跃然纸上。两脉汇聚之后,这一学统并未断裂,2000年成立的南京大学域外汉籍研究所更是引领了中国域外汉籍研究的潮流。如今,在南京大学,除了域外汉籍研究所之外,历史学、图书馆学等专业也有一批学者投入海外中国文献研究。2020年6月南京大学组建了"海外中国文献收藏历史与专题研究"文科青年跨学科团队,并获得了南京大学专项经费资助,学科团队成员来自图书馆学、历史学、中文等学科专业,并与北京大学、美国加州大学圣地亚哥分校、中山大学有关学者展开了跨区域合作。

陈寅恪在《陈垣敦煌劫余录序》中曾写道:"一时代之学术,必有其新材料与新问题。取用此材料,以研求问题,则为此时代学术之新潮流。治学之士,得预于此潮流者,谓之预流(借用佛教初果之名)。其未得预者,谓之未入流。此古今

---

[1] 南京大学校史研究室:《南京大学校史资料选编.第二卷,南京高师与东南大学时期》,南京:南京大学出版社,2019年,第299页。

学术史之通义，非彼闭门造车之徒，所能同喻者也。"[1] 从近年来的研究实践来看，作为跨学科、跨文化、跨语言的海外中国文献研究必将成为中国学术研究新潮流，但由于其零散、多样、跨文化等特性，海外中国文献研究需要更多的学者投身于其中。为此，基于上述的海外中国文献研究路径，我们决定从目录入手，推出"海外中国文献专题目录丛刊"，编辑出版相关专题文献目录，为推动后续的海外中国文献研究奠定基础。

是为序。

谢　欢

2022 年 2 月 26 日

---

[1] 陈寅恪：《金明馆丛稿二编》（第二版），北京：生活・读书・新知三联书店，2009 年，第 266 页。

目　　录

前　言　　　　　　　　　　　　　　　　　　page. 001

辑　例　　　　　　　　　　　　　　　　　　page. 005

档案目录　　　　　　　　　　　　　　　　　page. 007

索　引　　　　　　　　　　　　　　　　　　page. 271

前　　言

　　金陵大学（University of Nanking）是中国近代著名的一所高等学校，其历史可以追溯至 1888 年美国基督教会美以美会在南京干河沿创办的汇文书院，1910 年汇文书院与南京另外两所教会学校基督书院、益智书院合并组建成金陵大学堂，从 1910 年正式组建到 1952 年院系调整，金陵大学在四十余年的办学历史中，在培养人才、推动学术研究、增进人民福祉、促进中外交流方面做出了卓越的贡献。

　　作为一所在中国开办的教会大学，金陵大学一直有两套书写体系，一套是中文，另一套则是英文，因此也就产生了两套档案，而金大也非常注重自身档案的管理与保存。中文档案目前主要由南京的中国第二历史档案馆以及南京大学档案馆保存，而英文档案则由美国的亚洲基督教高等教育联合董事会（United Board for Christian Higher Education in Asia，简称 UBCHEA）保管。亚洲基督教高等教育联合董事会的历史可以追溯到 1920 年。1920 年 5 月，来自金陵大学、齐鲁大学、燕京大学、华西大学等中国教会大学的代表在杭州集会，决定成立中国基督教高等教育联合委员会（Board of Co-operation of the Union Institutions of Higher Education in China），此事可以视作亚洲基督教高等教育联合董事会的发源。1922 年 4 月，金陵大学、燕京大学、齐鲁大学的校董会在纽约组建了中心办公室（central office），负责这些教会学校的往来通信、经费管理以及其他一些行政事务。1925 年，当时在中国的 10 所教会大学代表决定成立一个永久委员会（Permanent Committee for the Coordination and Promotion of Christian Higher Education in China），负责协调和推进在华基督教高等教育事业。1928 年 1 月，该永久委员会名字变更为中国教会大学委员会（Committee for Christian Colleges in China）。1932 年，将中心办公室与中国教会大学委员会的职能进行合并，组建中国教会大学合作委员会（Associated Boards for Christian Colleges in China，简称 ABCCC）。1945 年 6 月，在 ABCCC 的基础上成立了中国教会大学联合董事会（The United Board for Christian Colleges in China，简称 UBCCC）。1955 年 5 月，

UBCCC又更名为亚洲基督教高等教育联合董事会(中文简称"亚联董")。亚联董成立以后，虽然主要是与亚洲地区有基督教背景的院校合作，但也积极寻求与致力于全人教育(education that develops the whole person)的其他院校开展合作，共同推进亚洲高等教育的发展。

亚联董收藏的中国教会大学档案涵盖了金陵大学(University of Nanking)、燕京大学(Yenching University)、东吴大学(Soochow University)、齐鲁大学(Shantung Christian University)、华西协和大学(West China Union University)、福建协和大学(Fukien Christian University)、金陵女子大学(Ginling College)、之江大学(Hangchou Christian College)、上海圣约翰大学(St. John's University)、华中大学(Huachung Christian University)、沪江大学(Shanghai University)、岭南大学(Lingnan University)、华南女子文理学院(Hwa Nan College)13所教会大学以及亚联董自身的有关文书资料，这批档案后来陆续移交给了耶鲁大学神学院图书馆(Yale University Divinity School Library)保管。

耶鲁大学神学院图书馆收藏的亚联董中国教会大学档案时间范围从1882年到1977年，共计465盒(boxes)，全宗号为Record Group Number 11，简称RG 11。耶鲁大学神学院图书馆将这批档案分为六大系列(Series)，分别是：

（1）中国教会大学合作委员会(ABCCC)综合档案(Series I: Series Associated Boards for Christian Colleges in China, Consolidated General File)，共计28盒(Box 1-28)；

（2）中国教会大学联合董事会(UBCCC)综合档案(Series II: United Board for Christian Colleges in China, Consolidated General File)，共计51盒(Box 29-79)；

（3）新档(Series III: New File)，即不在(1)、(2)中的ABCCC和UBCCC机构档案，总计26盒(Box 80-105)；

（4）中国教会大学档案(Series IV: China College Files)，总计273盒(Box 106-378)；

（5）图片、声像档案(Series V: Audio-Visual Materials)，共计74盒(Box 379-447, Box 463-466, Box OV11)；

（6）有关机构档案及出版物(Series VI: Related Organizations and Publications)，共计13盒(Box 448-459, Box 462)，所谓的有关机构是与

ABCCC、UBCCC或者中国各教会大学有往来的如洛克菲勒基金会、哈佛大学等机构。

从上述耶鲁大学神学院图书馆收藏的亚联董档案可以看出，其核心是第四类，即中国教会大学档案，占亚联董全部档案的58.7%。值得一提的是，耶鲁大学神学院图书馆已经完成了这一部分档案的数字化并供用户免费下载使用（https：//divinity-adhoc.library.yale.edu/UnitedBoard/），但是部分文档还是有缺失，使用时需要注意。这273盒档案具体分布如下：

（1）福建协和大学，18盒，Box 106-123

（2）金陵女子大学，36盒，Box 124-159

（3）之江大学，3盒，Box 160-162

（4）华中大学，13盒，Box 163-175

（5）华南女子文理学院，2盒，Box 176-177

（6）岭南大学，10盒，Box 178-187

（7）金陵大学，51盒，Box 188-238

（8）圣约翰大学，1盒，Box 239

（9）沪江大学，1盒，Box 240

（10）齐鲁大学，28盒，Box 241-268

（11）东吴大学，3盒，Box 269-271

（12）华西协和大学，26盒，Box 272-297

（13）燕京大学，81盒，Box 298-378

可以说，亚联董的这批档案，不仅是了解中国近代教会学校历史的重要参考资料，更是了解中国近代社会以及中美关系的重要史料。国内方面，章开沅、马敏等学者是较早关注到这批档案并撰文介绍的，香港中文大学在编纂的《中国教会大学文献目录》中对于这批档案也有所揭示，为学界利用这批档案提供了指引。而耶鲁大学神学院图书馆在1982年接收首批亚联董的档案后，也对这批档案进行了整理，并由神学院图书馆的玛莎·司莫利（Martha L·Smalley）与卡兰·乔丹（Karen Jordan）两人编撰了一份《亚联董档案使用指南》（*Guide to the United Board for Christian Higher Education in Asia Records*），该指南（可在耶鲁大学神学院图书馆网站下载）对这批档案的分布及每一盒的内容做了简要的介绍，但是由于不少档案较为散乱加之语言（内含部分中文档案）等原因，司莫利与乔丹的这份指南，并没有完全揭示亚联董档案的内容，如果仅仅依据这份指南肯定会有一定的遗漏。为此，本书先行选择 Series 4 中的 51 盒金陵大学档案，单独编纂注释目录（annotated bibliography），以便于中国学者更好地利用这批档案。

辑 例

1. 本目录以耶鲁大学神学院图书馆所藏亚洲基督教高等教育联合董事会档案（全宗号 RG 011）第四类中之金陵大学文字档案为著录对象，照片、声像档案不在著录范围之内。
2. 为便于读者利用，本目录中的档案案卷号完全采用了耶鲁大学神学院图书馆馆藏档案号，并按序排列。
3. 著录内容包括案卷号、题名、文件作者、时间、语言、提要六部分内容，有些文件作者、时间等如没有明确记载则阙如。
4. 对于含有多份文件的案卷，文件顺序根据该案卷内容中文件档案顺序进行排列，对于不同文件中的同主题内容会适当整合。文件题名，有些是根据原档案题名著录（多为英文），有些是根据档案内容概括提炼（多为中文）。
5. 著录时秉持"尊重原件"的原则，例如"Board of Founders"，早期档案中的中文是"美国金陵大学创办（立）人委员会"或"元老会"，后期又称为协进会，因此对于这些机构的中文名称则以原档为依据，不同时期可能会有不同，但会在中文后用括号标出对应英语。
6. 对于英文人名，有对应中文名则以中文名著录，中文名后括号备注英文名，如没有，则以英文著录。对于部分有对应中文名的英文人名、机构名、文献名等，首次出现时会在中文后用括号注明对应的英文，后文再出现时一般不再注英文。
7. 部分案卷内收录散（残）页，这些散（残）页或无法辨识，或与前后文件无联系，对于这些则不予著录。

档案目录

案卷号 RG011-188-3312

文件-1

（1）题名：*To the Mission Boards and Home Churches Represented in the Proposed Establishment of the Nanking Christian University*

（2）作者：The committee of the three missions

（3）时间：1906年6月21日

（4）语言：英语

（5）提要：该文件是南京长老会、卫理会、基督会撰写的呈送给美国国内宣教部的一份报告，内容是关于将南京已有的教会学校汇文书院、益智书院、基督书院合并成一所基督教大学的提案，报告论证了在中国建立基督教大学的缘由、必要性，联合南京已有教会学校的必要性。

文件-2

（1）题名：*Proposed Constitution of the Nanking Christian University*

（2）作者：the members of the Central China Mission of the Methodist Episcopal Church; the members of the Central China Mission of the Christian Church; the members of the Nanking Mission of the Presbyterian Church

（3）时间：1907年5月4日

（4）语言：英语

（5）提要：该文件主要是拟定的Nanking Christian University章程，该章程主要由四部分组成，第一部分为大学校董会的构成、职能、权利；第二部分为大学校委会的构成、主席人选、职责、会议等；第三部分为大学的日常管理，包括大学评议会的章程及职责，大学校长、系主任的职责，教师的权利与义务；第四部分为汇文书院、益智书院、基督书院三院合并的基础及具体方法。

文件-3

(1) 题名：*Minutes of Preliminary Meetings to Discuss the Union of Educational Interests in Nanking Which Have Resulted in the Establishment of the University of Nanking*

(2) 作者：Frank Garrett

(3) 时间：1906—1909 年

(4) 语言：英语

(5) 提要：该份文件主要记录了文怀恩（John. E. Williams）、包文（Arthur John Bowen）、美格斯（Frank E. Meigs）、师图尔（George Arthur Stuart）等人在 1906 年 3 月 15 日（南京）、1907 年 5 月 1 日（上海）、1908 年 11 月 4 日（南京）、1909 年 1 月 11 日（南京）、1909 年 2 月 23 日（南京）、1909 年 6 月 11 日（南京）、1909 年 10 月 1 日（南京）、1909 年 10 月 23 日（南京）、1909 年 11 月 11 日（南京）开会讨论汇文书院、益智书院、基督书院合并，合并后新学校人事安排、章程等事宜。

文件-4

(1) 题名：*To the Mission Boards and Home Churches Represented in the Proposed Establishment of the University of Nanking*

(2) 作者：The committee of the three missions

(3) 时间：1909 年 8 月

(4) 语言：英语

(5) 提要：该文件是南京卫理会、长老会、基督会联合撰写呈送给美国国内宣教部的一份报告，主要内容是汇报宏育书院与汇文书院合并事宜，报告中论述了宏育书院与汇文书院合并的必要性、重要性，金陵大学章程草案（涉及大学名字，校产，校董会构成、权利与职责，学校校委会组成，校长产生程序、权利与义务，日常会务，大学附属学校，学校评议会产生、章程及职责，系主任、教职员权利与义务）等内容，希望美国国内宣教部能在中国农历新年之前批准两校合并。

案卷号 RG011-188-3313

文件-1
（1）题名：*The University of Nanking: Historical Statement, Charter, by-Laws*
（2）时间：1911年
（3）语言：英语
（4）提要：该文件是金陵大学经美国纽约州立大学（University of the State of New York）及纽约州法律认可后的一份章程，内容涉及金陵大学与纽约州立大学的关系，金陵大学的使命、名称、组织机构，金陵大学校董会的权利与义务，金陵大学校委会成员组成、责任、会议等以及金陵大学校长、系主任、教职员的任命、权利与义务。

案卷号 RG011-188-3314

文件-1
（1）题名：*Suggestions of the Organization of a Union University With Affiliated Schools*
（2）时间：1911年
（3）语言：英语
（4）提要：该文件是南京、苏州、杭州、上海四地教会代表讨论将四地教会学校合并至南京，成立一所新的学校的一次会议记录，会议由韦理生（Wilbur F. Wilson）担任主席，与会人员讨论了四地学校联合后的名字、院系组成、建立研究生院、附属学校、校董会构成、校委会构成等事宜。

文件-2
（1）题名：*Proposed Constitution of the Central-China University*
（2）时间：1911年10月25日
（3）语言：英语
（4）提要：该文件主要是对南京、苏州、杭州、上海四地教会学校联合组建新的学校的详细规划，内容包括新组建的学校的名字（Central-China University）、学校组织机构、管理机构等。

案卷号 RG011-188-3315

文件-1

(1) 题名：*Proposed Constitution of the University of Nanking*

(2) 时间：1909 年

(3) 语言：英语

(4) 提要：该文件是南京卫理会、长老会、基督会联合委员会提交给美国卫理会、长老会、基督会的金陵大学章程草案，内容包括金陵大学校名、校产、校董会构成及其权利与职责、校委会构成及运行办法、金大附属学校、金大行政机构构成及其运行。该草案是在1907年草案基础上的修订版。

文件-2

(1) 题名：*Constitution of the University of Nanking With Complete by-Laws of Board of Directors and Board of Founders*

(2) 时间：1928 年

(3) 语言：英语

(4) 提要：该文件是金陵大学董事会1928年11月9日会议通过的提交给金大元老会（Board of Founders）的金大章程，章程内容主要包括金大中英文校名，学校使命，元老会的权利及成员构成，金大附属学校机构，校董会职责、权利及成员构成，金陵女子大学委员会权利、职责及其成员构成等。该文件附陈裕光（Y. G. Chen）两封函件，一封是1928年11月28日陈裕光致纽约中国教会大学联会的贝蒂斯·加塞德（Bettis A·Garside）函件，是对金大章程中Executive-Financial Committee内容的解释说明；另一封是1928年11月29日，陈裕光致贝蒂斯·加塞德函件，是就金大章程中金大使命、校董会等有关内容的补充说明。

文件-3
(1) 题名：*Constitution of the University of Nanking*
(2) 时间：1935 年 5 月
(3) 语言：英语
(4) 提要：该文件是金陵大学 1935 年 5 月版的学校章程，其内容涉及金大中英文校名，金陵大学使命，金大元老会的权利及成员构成，金大附属学校机构，校董会职责、权利及成员构成。

案卷号 RG011-188-3316

文件-1
(1) 题名：*The University of Nanking：Minutes of Meetings, Boards of Trustees and Report and Other Documents Referred to in the Minutes*
(2) 时间：1910—1926 年
(3) 语言：英语
(4) 提要：该文件是 1910 年到 1926 年金陵大学托事会、校委会等机构会议纪要，另含会议报告、学校经费预算/决算报告、接受捐赠明细等内容。

案卷号 RG011-188-3317

文件-1
(1) 题名：*An Informal Conference of the Board of Trustees of the University of Nanking*
(2) 时间：1910 年 3 月 2 日
(3) 语言：英语
(4) 提要：该文件是金陵大学托事会 1910 年 3 月 2 日召开的一次非正式会议纪要，出席会议的有长老会、卫理会、基督会代表，会议主要讨论了金大校董会组织程序、主要职能等事宜。

文件-2
(1) 题名：*First Regular Meeting of the Board of Trustees of the University of Nanking*
(2) 时间：1910 年 3 月 25 日
(3) 语言：英语
(4) 提要：该文件记载了金陵大学托事会 1910 年 3 月 25 日召开的第一次正式会议情况，此次会议主要讨论了托事会人事变动、金大资金使用等事宜。

文件-3
(1) 题名：*Minutes of the Meetings of the Board of Trustees of the University of Nanking*
(2) 时间：1911 年 6 月 26 日—1912 年 12 月 29 日
(3) 语言：英语
(4) 提要：该文件是金大托事会 1911 年 6 月 26 日至 1912 年 12 月 29 日召开的会议之纪要，内容涉及金大托事会组织章程、人员变动、职能安排、资金募集、对金大人事任免、金大资金使用安排等事宜。

文件-4
(1) 题名：*Minutes of Conference Between Representatives of Chen-tu and Nanking Universities*
(2) 作者：Robert E. Speer
(3) 时间：1912 年 12 月 15 日
(4) 语言：英语
(5) 提要：该文件主要记录了 1912 年 12 月 15 日，南京、成都两所教会大学代表商谈合作的会议之纪要。

文件-5
(1) 题名：*Minutes of Conference of Joint Committee of the Board of Managers of Chen-tu Union University and the Board of the Trustees of Nanking Union Universities*
(2) 作者：Robert E. Speer

(3) 时间：1912 年 12 月 20 日

(4) 语言：英语

(5) 提要：该文件主要记录了成都、南京教会大学托事会商量合作的会议之纪要，该次会议是在 1912 年 12 月 15 日会议上的一个深入。

文件-6　（1）题名：*A Special Meeting of the Board of Trustees of the University of Nanking*

(2) 时间：1912 年 1 月 19 日

(3) 语言：英语

(4) 提要：该文件记录了金陵大学托事会临时会议纪要，会议主要讨论了金陵大学的定位、使命、发展计划以及金大托事会的职能。

文件-7　（1）题名：*Proposed Constitution of the Central-China University*

(2) 时间：1911 年

(3) 语言：英语

(4) 提要：该文件是华中大学章程草案，内容主要为华中大学各组织机构职能、使命、人员构成等。

文件-8　（1）题名：*Minutes of the Meetings of the Board of Trustees of the University of Nanking*

(2) 时间：1912 年 1 月 27 日—1919 年 11 月 5 日

(3) 语言：英语

(4) 提要：该文件是金大托事会 1912 年 1 月 27 日至 1919 年 11 月 5 日之间召开的托事会会议之纪要，另含部分财务收支报告、财务预算表，与 RG011-188-3316 号案卷部分内容有重复。

文件-9
(1) 题名：*Minutes Ginling College Committee of the Board of Trustees of the University of Nanking*
(2) 时间：1917年4月13日—1919年12月5日
(3) 语言：英语
(4) 提要：该文件是金大托事会金陵女子大学委员会1917年4月13日至1919年12月5日召开的会议之纪要，含金陵女子大学财务收支报告。

文件-10
(1) 题名：通信
(2) 时间：1911—1919年
(3) 语言：英语
(4) 提要：该文件是长老会、卫理会、基督会三个教会的海外传教委员会成员与金陵大学托事会成员的往来通信。

案卷号 RG011-188-3318

文件-1
(1) 题名：*Minutes of the Meetings of the Board of Trustees of the University of Nanking*
(2) 时间：1911年12月29日—1912年6月13日
(3) 语言：英语
(4) 提要：该文件是金大托事会1911年12月29日至1912年6月13日召开的会议之纪要，内容与RG011-188-3317、RG011-188-3316案卷重合。

文件-2
(1) 题名：*Official Minutes of the Board of Trustees of the University of Nanking for 1913*
(2) 时间：1913年
(3) 语言：英语
(4) 提要：该文件是1913年金陵大学托事会召开的7次会议（1

月 13 日、1 月 15 日、2 月 25 日、4 月 15 日、7 月 18 日、10 月 24 日、12 月 22 日）的官方纪要，该纪要与 RG011-188-3317、RG011-188-3316 内容有重复，但该纪要曾由上海长老会正式出版。

文件-3

（1）题名：*Official Minutes of the Board of Trustees of the University of Nanking for 1914*

（2）时间：1915 年

（3）语言：英语

（4）提要：该文件是 1914 年至 1915 年金陵大学托事会召开的 5 次会议（1914 年 1 月 15 日、3 月 3 日、3 月 24 日、7 月 8 日、1915 年 1 月 13—14 日）的官方纪要，该纪要与 RG011-188-3317、RG011-188-3316 内容有重复，但该纪要曾由上海长老会正式出版。

文件-4

（1）题名：*University of Nanking: Official Minutes of the Board of Trustees（May 1915-April 1917），Executive Committee（for 1917），Board of Managers（for 1917），Hospital Committee（for 1917）*

（2）时间：1915—1917 年

（3）语言：英语

（4）提要：该文件是金陵大学托事会 1915 年 5 月至 1917 年 4 月、行政委员会 1917 年、理事会 1917 年、金大校医院委员会 1917 年召开的会议的官方纪要。托事会会议纪要与 RG011-188-3317、RG011-188-3316 部分内容有重复。

案卷号 RG011-188-3319

文件-1
（1）题名：Minutes of the Meetings of the Board of Trustees of the University of Nanking
（2）时间：1920—1925 年
（3）语言：英语
（4）提要：该文件是金陵大学托事会 1920 年至 1925 年间召开的有关会议之纪要，另含金陵大学财务报告、预算/决算表等。

文件-2
（1）题名：Minutes Ginling College Committee of the Board of Trustees of the University of Nanking
（2）时间：1920—1925 年
（3）语言：英语
（4）提要：该文件是金陵大学托事会金陵女子大学委员会 1920 年至 1925 年召开的有关会议之纪要，另含金陵女子大学财务报告、预算/决算表等。

案卷号 RG011-189-3320

文件-1
（1）题名：Minutes Ginling College Committee of the Board of Trustees of the University of Nanking
（2）时间：1925—1929 年
（3）语言：英语
（4）提要：该文件是金陵大学托事会金陵女子大学委员会 1925 年至 1929 年召开的有关会议之纪要，另含金陵女子大学财务报告、预算/决算表等。

文件-2
（1）题名：Minutes of the Meetings of the Board of Trustees of the University of Nanking

(2) 时间：1925—1929 年

(3) 语言：英语

(4) 提要：该文件是金陵大学托事会及委员会 1925 年至 1929 年间召开的部分会议之纪要，另含金陵大学财务报告、预算/决算表、金陵大学托事会成员与有关机构、个人通信等。

案卷号 RG011-189-3321

文件-1

(1) 题名：*By-Laws of the Board of Funders of the University of Nanking*

(2) 时间：1929 年

(3) 语言：英语

(4) 提要：该文件是 1929 年金陵大学元老会章程，内容包括元老会组织机构、职责、成员构成等。

案卷号 RG011-189-3322

文件-1

(1) 题名：*The University of Nanking, Minutes of Meetings of Board of Trustees, Board of Founders, and Reports and Other Documents Referred to in the Minutes*

(2) 时间：1927—1935 年

(3) 语言：英语

(4) 提要：文件记录了金陵大学托事会、元老会 1927 年至 1935 年召开的有关会议之纪要、财务等有关报告，以及修订的金大有关章程，金陵大学托事会、元老会成员与有关机构及个人的通信等内容，与 RG011-189-3320 部分内容有重复。

案卷号 RG011-190-3323

文件-1
（1）题名：Minutes of Meetings of Board of Founders, Board of Trustees of University of Nanking
（2）时间：1929—1935 年
（3）语言：英语
（4）提要：该文件是金陵大学董事会、元老会及其附属机构 1929 年至 1935 年召开的有关会议之纪要，另含金陵女子大学董事会部分会议纪要，其中不少内容与 RG011-189-3322 案卷有重复。

案卷号 RG011-190-3324

文件-1
（1）题名：Minutes of Meetings of Board of Founders, University of Nanking
（2）时间：1935—1942 年
（3）语言：英语
（4）提要：该文件主要是金陵大学元老会 1935 年至 1942 年召开的有关会议之纪要，另含部分金大财务委员会会议纪要、财务报告等内容。

案卷号 RG011-190-3325

文件-1
（1）题名：Minutes of Meetings of Board of Founders, University of Nanking
（2）时间：1935—1936 年
（3）语言：英语
（4）提要：该文件是金陵大学元老会 1935 至 1936 年召开的部分会议之纪要，另含部分金大财务委员会纪要，本文件大部分内容与 RG011-190-3324 案卷有重复。

案卷号 *RG011-190-3326*

文件-1
（1）题名：Minutes of Meetings of Board of Founders, University of Nanking
（2）时间：1937年
（3）语言：英语
（4）提要：该文件是金陵大学元老会及有关委员会1937年间部分会议之纪要，与RG011-190-3324案卷部分内容有重复。

案卷号 *RG011-191-3327*

文件-1
（1）题名：Minutes of Meetings of Finance Committee, of Board of Founders, University of Nanking
（2）时间：1938年
（3）语言：英语
（4）提要：该文件是金陵大学财务委员会、元老会及有关委员会1938年召开的有关会议之纪要，与RG011-190-3324案卷部分内容有重复。

案卷号 *RG011-191-3328*

文件-1
（1）题名：Minutes of Meetings of Finance Committee, of Board of Founders, University of Nanking
（2）时间：1938年
（3）语言：英语
（4）提要：该文件是金陵大学财务委员会、元老会及有关委员会1938年召开的有关会议之纪要，与RG011-190-3324案卷部分内容有重复。

案卷号 RG011-191-3329

文件-1
(1) 题名：Minutes of Meetings of Board of Founders, University of Nanking
(2) 时间：1939—1945 年
(3) 语言：英语
(4) 提要：该文件主要是金陵大学元老会 1939 年至 1945 年召开的有关会议之纪要，另含部分金大财务委员会会议纪要、财务报告等内容，与 RG011-190-3324 案卷部分内容有重复。

案卷号 RG011-191-3330

文件-1
(1) 题名：Minutes of Meetings of Board of Founders, University of Nanking
(2) 时间：1942—1945 年
(3) 语言：英语
(4) 提要：该文件是金陵大学元老会及有关委员会 1942 年至 1945 年召开的部分会议之纪要，另含财务报告、陈裕光致元老会通信等内容，与 RG011-191-3329 案卷部分内容有重复。

文件-2
(1) 题名：Minutes of Meetings of University of Nanking Committee, United Board for Christian Colleges in China
(2) 时间：1946—1957 年
(3) 语言：英语
(4) 提要：该文件是金陵大学委员会以及在华教会学校联合董事会于 1946 年至 1957 年召开的有关会议之纪要，另含金陵大学年度财务预算、决算表等内容。

案卷号 RG011-191-3331

文件-1
- （1）题名：*Official Minutes of Meetings of Board of Managers and Executive Committee of the University of Nanking*
- （2）时间：1909—1914 年
- （3）语言：英语
- （4）提要：该文件是金陵大学理事会及其下属行政委员会 1909 年至 1914 年召开的会议之官方纪要。

案卷号 RG011-191-3332

文件-1
- （1）题名：*Official Minutes of Executive Committee and the Board of Managers of the University of Nanking*
- （2）时间：1913—1917 年
- （3）语言：英语
- （4）提要：该文件是金陵大学理事会及其下属行政委员会 1913 年至 1917 年召开的会议之官方纪要，另含年度财务报告及预算表等内容。

文件-2
- （1）题名：*Official Minutes of the Board of Trustees, Hospital Committee of the University of Nanking*
- （2）时间：1915—1917 年
- （3）语言：英语
- （4）提要：该文件是金陵大学托事会 1915 年至 1917 年召开的会议之官方纪要，与 RG011-188-3316 部分内容有重复。

文件-3
- （1）题名：*Official Minutes of the Hospital Committee of the University of Nanking*
- （2）时间：1917 年

（3）语言：英语

（4）提要：该文件是金陵大学学校医院委员会1917年召开的会议之官方纪要。

案卷号 RG011-191-3333

文件-1
（1）题名：Minutes of Meetings of Executive Committee of the Board of Managers of the University of Nanking

（2）时间：1912—1917年

（3）语言：英语

（4）提要：该文件是金陵大学理事会及其下属行政委员会1912年至1917年召开的有关会议之纪要，与RG011-191-3332案卷部分内容有重复。

案卷号 RG011-192-3334

文件-1
（1）题名：Minutes of Meetings of Executive Committee of the Board of Managers of the University of Nanking

（2）时间：1918—1921年

（3）语言：英语

（4）提要：该文件是金陵大学理事会及其下属行政委员会1918年至1921年召开的有关会议之纪要，另含金大建筑与校产委员会多份报告。

案卷号 RG011-192-3335

文件-1
（1）题名：Minutes of Meetings of Executive Committee of the Board of Managers of the University of Nanking

（2）时间：1921—1922年

(3）语言：英语

(4）提要：该文件是金陵大学理事会及其下属行政委员会1921年至1922年召开的有关会议之纪要，另含金大下属各机构详细的财务报告。

案卷号 RG011-192-3336

文件-1

(1）题名：Minutes of Meetings of the Board of Managers of the University of Nanking

(2）时间：1923年

(3）语言：英语

(4）提要：该文件是金陵大学理事会及其下属委员会1923年召开的有关会议之纪要，另含金大各机构详细财务收支报告及金大校长包文与纽约金大托事会成员往来书信。

案卷号 RG011-192-3337

文件-1

(1）题名：Minutes of Meetings of the Board of Managers of the University of Nanking

(2）时间：1924年

(3）语言：英语

(4）提要：该文件是金陵大学理事会及其下属委员会1924年召开的有关会议之纪要。

案卷号 RG011-192-3338

文件-1

(1）题名：Minutes of Meetings of the Board of Managers of the University of Nanking

(2）时间：1925—1926年

(3) 语言：英语

(4) 提要：该文件是金陵大学理事会及其下属委员会 1925 年至 1926 年召开的有关会议之纪要，另含年度预算、财务报告等。

案卷号 RG011-192-3339

文件-1

(1) 题名：*Meetings of the Board of Managers of the University of Nanking*

(2) 时间：1926—1927 年

(3) 语言：英语

(4) 提要：该文件记录了金陵大学理事会及其下属委员会 1926 年至 1927 年召开的有关会议之纪要，另含财务预算、金大有关机构收支报告，以及"南京事件"期间金大应急管理委员会会议纪要、损失统计等内容。

案卷号 RG011-192-3340

文件-1

(1) 题名：*Meetings of the Board of Managers of the University of Nanking*

(2) 时间：1927 年 7 月

(3) 语言：英语

(4) 提要：该文件是 1927 年 7 月 12 日、7 月 21 日于上海召开的金陵大学理事会会议之纪要，主要涉及"南京事件"的处理、金大重建以及对金陵大学有关规章制度的修订，另含委员会致陈裕光信件。

文件-2

(1) 题名：*Meetings of the Executive-Finance Committee of the Board of Managers of the University of Nanking*

(2) 时间：1927 年 7 月 13 日

(3) 语言：英语

(4) 提要：该文件是1927年7月13日于上海召开的金陵大学理事会下属行政委员会及财政委员会联合会议之纪要，主要讨论金陵大学建筑重建、预算等问题。

案卷号 RG011-192-3341

文件-1

(1) 题名：*Meetings of the Executive-Finance Committee of the Board of Managers of the University of Nanking*

(2) 时间：1927年

(3) 语言：英语

(4) 提要：该文件是金陵大学理事会下属行政委员会及财政委员会于1927年8月至11月召开的联合会议之纪要。

文件-2

(1) 题名：*Meeting of the Board of Managers of the University of Nanking*

(2) 时间：1927年11月

(3) 语言：英语、中文

(4) 提要：该文件是金陵大学理事会1927年11月9日至11日以及11月29日于上海召开的两次会议之纪要，会议主要讨论金陵大学人事变动（包括包文辞职及新任校长人选）及有关机构组织管理，另含金陵大学董事会撰写的中英文谢词，表达对包文、伍恩（Owen）对金陵大学贡献的感谢。

案卷号 RG011-192-3342

文件-1

(1) 题名：*By-Laws of the Board of Directors of the University of Nanking*

(2) 语言：英语

　　　　　　　　　（3）提要：该文件是金陵大学董事会章程，该章程具体制定时间不详，可能是 1927 年。

文件-2　　　（1）题名：Constitution of the Board of Directors of the University of Nanking
　　　　　　　　　（2）语言：英语
　　　　　　　　　（3）提要：该文件是金陵大学董事会章程，该章程具体制定时间不详，可能是 1927 年。

文件-3　　　（1）题名：Agreement Between the Board of Directors and the Board of Founders
　　　　　　　　　（2）语言：英语
　　　　　　　　　（3）提要：该文件是金陵大学元老会与董事会就双方职责达成的一份协议，该协议具体时间不详，可能是 1927 年。

案卷号 RG011-192-3343

文件-1　　　（1）题名：Meeting of the Board of Directors of the University of Nanking
　　　　　　　　　（2）时间：1927—1928 年
　　　　　　　　　（3）语言：英语
　　　　　　　　　（4）提要：该文件是金陵大学董事会 1927 年 11 月 29 日至 1928 年 11 月 9 日至 10 日之间召开的四次会议之纪要，另含董事会下属财务委员会会议纪要及财务报告、金陵大学与其他教会学校合作计划等。

案卷号 RG011-192-3344

文件-1　　　（1）题名：Meeting of the Board of Directors of the University of Nanking

(2) 时间：1929 年

(3) 语言：英语

(4) 提要：该文件是金陵大学董事会 1929 年召开的会议之纪要，另含金大各院系及医院、附属中学等附属机构的报告。

案卷号 RG011-192-3345

文件-1

(1) 题名：*Meeting of the Board of Directors of the University of Nanking*

(2) 时间：1930 年

(3) 语言：英语

(4) 提要：该文件是金陵大学董事会 1930 年 2 月至 5 月召开的会议之纪要，另含金大医院、附属中学等附属机构的报告。

案卷号 RG011-193-3346

文件-1

(1) 题名：*Minutes of Meeting of the Hospital Committee*

(2) 时间：1930 年

(3) 语言：英语

(4) 提要：该文件是金陵大学医院委员会 1930 年召开的会议之纪要，另含该委员会向金大董事会递交的报告。

文件-2

(1) 题名：*Meeting of the Board of Directors of the University of Nanking*

(2) 时间：1930 年

(3) 语言：英语

(4) 提要：该文件是金陵大学董事会及其下属财务委员会等 1930 年 6 月至 11 月召开的有关会议之纪要。

案卷号 *RG011-193-3347*

文件-1 （1）题名：Meeting of the Board of Directors of the University of Nanking
（2）时间：1931 年
（3）语言：英语
（4）提要：该文件是金陵大学董事会 1931 年 2 月至 5 月召开的会议之纪要，另含有关机构与金大董事会往来书信、财务报告等。

案卷号 *RG011-193-3348*

文件-1 （1）题名：Minutes of Meeting of the Hospital Committee
（2）时间：1931 年
（3）语言：英语
（4）提要：该文件是金陵大学医院委员会 1931 年召开的会议之纪要。

文件-2 （1）题名：Meeting of the Board of Directors of the University of Nanking
（2）时间：1931 年
（3）语言：英语
（4）提要：该文件是金陵大学董事会及其下属财务委员会 1931 年 6 月至 11 月召开的有关会议之纪要，另含金大各学院及附属机构报告、财务报告、有关机构与金大的往来通信。

案卷号 RG011-193-3349

文件-1
（1）题名：*Meeting of the Board of Directors of the University of Nanking*
（2）时间：1932 年
（3）语言：英语
（4）提要：该文件是 1932 年 5 月至 9 月金陵大学董事会及其下属委员会召开的有关会议之纪要，另含金大各院系及附属医院、中学向董事会提交的报告，以及美国有关院校与金大农学院的合作计划及往来通信等。

案卷号 RG011-193-3350

文件-1
（1）题名：*Meeting of the Board of Directors of the University of Nanking*
（2）时间：1932 年
（3）语言：英语、中文
（4）提要：该文件是金陵大学董事会及其下属委员会 1932 年 10 月至 12 月召开的有关会议之纪要，另含金陵大学各学院及附属机构提交给董事会的报告，其中文学院有中英双语报告，中文报告题为《一九三二年秋季文学院报告》。

案卷号 RG011-193-3351

文件-1
（1）题名：*Meeting of the Board of Directors of the University of Nanking*
（2）时间：1933 年
（3）语言：英语
（4）提要：该文件是金陵大学董事会及其下属委员会 1933 年 1

月至 5 月召开的有关会议之纪要，另含金陵大学各学院及附属机构提交给董事会的报告以及哈佛燕京学社有关人员与金陵大学的往来通信。

案卷号 RG011-193-3352

文件-1
（1）题名：Meeting of the Board of Directors of the University of Nanking
（2）时间：1933 年
（3）语言：英语
（4）提要：该文件是金陵大学董事会及其下属委员会 1933 年 10 月至 12 月召开的有关会议之纪要，另含金陵大学各学院及附属机构提交给董事会的报告。

案卷号 RG011-193-3353

文件-1
（1）题名：Meeting of the Board of Directors of the University of Nanking
（2）时间：1934 年
（3）语言：英语
（4）提要：该文件是金陵大学董事会及其下属委员会 1934 年 2 月至 3 月召开的有关会议之纪要，另含金陵大学各学院及附属机构提交给董事会的报告。

案卷号 RG011-193-3354

文件-1
（1）题名：Meeting of the Board of Directors of the University of Nanking
（2）时间：1934 年

(3) 语言：英语

(4) 提要：该文件是金陵大学董事会及其下属委员会1934年10月至11月召开的有关会议之纪要，另含金陵大学各学院及附属机构提交给董事会的报告以及国内外有关机构与金陵大学的往来通信。

案卷号 RG011-193-3355

文件-1
(1) 题名：*Minutes of the Meeting of the Joint Committee of Cooperation*

(2) 时间：1935年

(3) 语言：英语

(4) 提要：该文件是金陵大学与金陵女子大学合作委员会1935年1月至6月召开的会议之纪要。

文件-2
(1) 题名：*Meeting of the Board of Directors of the University of Nanking*

(2) 时间：1935年

(3) 语言：英语

(4) 提要：该文件是金陵大学董事会及其下属委员会1935年1月至6月召开的有关会议之纪要，另含金陵大学各学院及附属机构提交给董事会的报告以及国内外有关机构与金陵大学的往来通信。

案卷号 RG011-194-3356

文件-1
(1) 题名：*Meeting of the Board of Directors of the University of Nanking*

(2) 时间：1935年

(3) 语言：英语

(4) 提要：该文件是金陵大学董事会及其下属委员会 1935 年 7 月至 11 月召开的有关会议之纪要。

案卷号 RG011-194-3357

文件-1　　(1) 题名：Meeting of the Board of Directors of the University of Nanking

(2) 时间：1936 年

(3) 语言：英语

(4) 提要：该文件是金陵大学董事会及其下属委员会 1936 年 3 月至 4 月召开的有关会议之纪要，另含金陵大学各学院及附属机构提交给董事会的报告。

案卷号 RG011-194-3358

文件-1　　(1) 题名：Meeting of the Executive-Finance Committee of the Board of Directors of the University of Nanking

(2) 时间：1936 年

(3) 语言：英语

(4) 提要：该文件是金陵大学董事会下属行政与财务委员会 1936 年 5 月至 9 月召开的会议之纪要，另含有关财务报告。

文件-2　　(1) 题名：Minutes of the Hospital of Committee of the Board of Directors of the University of Nanking

(2) 时间：1936 年

(3) 语言：英语

(4) 提要：该文件是金陵大学董事会下属医院委员会 1936 年 5 月至 9 月召开的会议之纪要。

案卷号 RG011-194-3359

文件-1
（1）题名：Meeting of the Board of Directors of the University of Nanking
（2）时间：1936 年
（3）语言：英语
（4）提要：该文件是金陵大学董事会及其下属委员会 1936 年 11 月召开的会议之纪要，另含金陵大学各学院及附属机构提交给董事会的报告以及金陵大学与国内外有关机构的往来通信。

案卷号 RG011-194-3360

文件-1
（1）题名：Meeting of the Board of Directors of the University of Nanking
（2）时间：1937 年
（3）语言：英语
（4）提要：该文件是金陵大学董事会及其下属委员会 1937 年 3 月召开的会议之纪要，另含金陵大学各学院及附属机构提交给董事会的报告。

案卷号 RG011-194-3361

文件-1
（1）题名：Minutes of the Emergency Executive Committee of the University of Nanking
（2）时间：1938 年
（3）语言：英语
（4）提要：该文件是金陵大学紧急事务委员会 1938 年 1 月至 10 月于上海、成都召开的会议之纪要，另含金陵大学附中报告以及国内外有关机构与金陵大学的往来通信。

案卷号 *RG011-194-3362*

文件-1
(1) 题名：*Minutes of the Emergency Executive Committee of the University of Nanking*
(2) 时间：1939 年
(3) 语言：英语
(4) 提要：该文件是金陵大学紧急事务委员会 1939 年 2 月至 12 月于成都召开的会议之纪要，另含金陵大学各学院递交给紧急事务委员会的报告。

案卷号 *RG011-194-3363*

文件-1
(1) 题名：*Minutes of the Emergency Executive Committee of the University of Nanking*
(2) 时间：1940 年
(3) 语言：英语
(4) 提要：该文件是金陵大学紧急事务委员会 1940 年 3 月至 12 月于成都召开的会议之纪要，另含金陵大学各学院递交给紧急事务委员会的报告及财务预算等。

案卷号 *RG011-194-3364*

文件-1
(1) 题名：*Minutes of the Emergency Executive Committee of the University of Nanking*
(2) 时间：1942—1944 年
(3) 语言：英语
(4) 提要：该文件是金陵大学紧急事务委员会 1942 年 4 月至 1944 年 3 月于成都召开的会议之纪要，另含金陵大学各学院递交给紧急事务委员会的报告及财务预算等。

案卷号 RG011-194-3365

文件-1
（1）题名：*Minutes of the Emergency Executive Committee of the University of Nanking*
（2）时间：1945年
（3）语言：英语
（4）提要：该文件是金陵大学紧急事务委员会1945年10月召开的会议之纪要。

文件-2
（1）题名：*Meeting of the Board of Directors of the University of Nanking*
（2）时间：1947—1950年
（3）语言：英语
（4）提要：该文件是金陵大学董事会及其下属委员会1947年10月至1950年11月召开的有关会议之纪要，另含金大各学院及附属机构呈交的报告、金陵女子大学报告等。

案卷号 RG011-194-3366

文件-1
（1）题名：*Index to Minutes of Meetings of Board of Managers and Board of Trustees, University of Nanking*
（2）语言：英语
（3）提要：该文件是金陵大学1909年至1920年召开的会议之纪要与索引，索引按字母顺序排列，索引编制时间不详。

文件-2
（1）题名：*Index to Minutes of Meetings of Board of Managers and the Executive Committee, University of Nanking*
（2）语言：英语
（3）提要：该文件是金陵大学1906年至1927年召开的会议之纪要与索引，索引按字母顺序排列，索引编制时间不详。

案卷号 RG011-195-3367

文件-1
(1) 题名：Report of the President to the Board of Managers of the University of Nanking
(2) 时间：1910—1913 年
(3) 语言：英语
(4) 提要：该文件是金陵大学校长提交给金陵大学理事会的报告，报告涉及金陵大学校务、预算、未来规划等内容。

案卷号 RG011-195-3368

文件-1
(1) 题名：Report of the President of the University of Nanking
(2) 时间：1913—1917 年
(3) 语言：英语
(4) 提要：该文件是金陵大学校长 1913 年至 1917 年的年度报告，报告涉及金陵大学校务、预算、未来规划等内容，另含金大各院系、附属机构主任撰写的各机构年度报告。

案卷号 RG011-195-3369

文件-1
(1) 题名：Report of the President of the University of Nanking
(2) 时间：1918—1919 年
(3) 语言：英语
(4) 提要：该文件是金陵大学校长 1918 年至 1919 年的年度报告，报告涉及金陵大学校务、预算、未来规划等内容，另含金大各院系、附属机构主任撰写的各机构年度报告。

案卷号 RG011-195-3370

文件-1
（1）题名：*Report of the President of the University of Nanking*
（2）时间：1920—1922年
（3）语言：英语
（4）提要：该文件是金陵大学校长1920年至1922年的年度报告，报告涉及金陵大学校务、各院系及附属机构发展情况。

案卷号 RG011-195-3371

文件-1
（1）题名：*Report of the President of the University of Nanking*
（2）时间：1922—1923年
（3）语言：英语
（4）提要：该文件是金陵大学校长1922年至1923年的年度报告，报告涉及金陵大学校务、各院系及附属机构发展情况、教职员论著发表统计等内容。

案卷号 RG011-195-3372

文件-1
（1）题名：*Report of the President of the University of Nanking*
（2）时间：1925—1927年
（3）语言：英语
（4）提要：该文件是金陵大学校长1925年至1927年的年度报告，报告涉及金陵大学校务、各院系及附属机构发展情况、教职员论著发表统计等内容。

案卷号 RG011-195-3373

文件-1
（1）题名：Report of the President of the University of Nanking
（2）时间：1935 年
（3）语言：英语
（4）提要：该文件是金陵大学校长1935年8月提交给美国金陵大学元老会等有关机构的报告，该报告是对1927年至1935年金陵大学发展概况的说明，含人员变动、机构发展、财务情况、1927年至1935年毕业生名录等内容。

案卷号 RG011-195-3374

文件-1
（1）题名：Annual Report of the Trustees of the University of Nanking to the University of the State of New York
（2）时间：1915—1929 年
（3）语言：英语
（4）提要：该文件是1915年至1929年（缺1916年至1919年，1924年）金陵大学托事会向纽约州立大学提交的年度报告，主要涉及金陵大学师生、校产、经费等内容统计。

案卷号 RG011-195-3375

文件-1
（1）题名：Annual Report of the Trustees of the University of Nanking to the University of the State of New York（New York State Education Department）
（2）时间：1930—1939 年
（3）语言：英语
（4）提要：该文件是1930年至1939年金陵大学托事会向纽约州立大学及纽约州教育部提交的年度报告，主要涉及金陵大学师生、校产、经费等内容统计。

案卷号 RG011-195-3376

文件-1　　（1）题名：*Annual Statistical Report of the Trustees of the University of Nanking to the New York State Education Department*

（2）时间：1940—1945 年

（3）语言：英语

（4）提要：该文件是 1940 年至 1945 年金陵大学托事会向纽约州教育部提交的年度统计报告，主要涉及金陵大学师生、校产、经费等内容统计。

案卷号 RG011-196-3377

文件-1　　（1）题名：*Minutes of Conferences of Joint Committee of the Board of Managers of Chen-tu Union University and the Board of Trustees of the Nanking Union*

（2）时间：1911 年

（3）语言：英语

（4）提要：该文件是 1911 年成都、南京教会大学商讨合作的会议之备忘录。

文件-2　　（1）题名：*Union in Educational Work in Central China*

（2）时间：1936 年

（3）语言：英语

（4）提要：该文件是华中地区教会大学合作的一份计划书，内容包括合作的必要性、合作方式等。

案卷号 *RG011-196-3378*

文件-1
（1）题名：金陵大学致金大理事会信件
（2）时间：1913—1914 年
（3）语言：英语、中文
（4）提要：该文件主要是商讨金陵大学有关院系及附属单位的中英文名字问题。

文件-2
（1）题名：*Suggestions and Regulations for the Guidance of Students in the University of Nanking*
（2）时间：1918 年
（3）语言：英语
（4）提要：该文件是金陵大学学生章程，对学生使命、守则、奖学金等问题进行了说明。

文件-3
（1）题名：*Regulations Accepted by the Faculty During the Fall Semester 1918*
（2）时间：1918 年
（3）语言：英语
（4）提要：该文件是 1918 年秋季学期制定的金陵大学教师章程（1919 年 2 月起实施）。

文件-4
（1）题名：*University of Nanking: General Regulations*
（2）时间：1922—1927 年
（3）语言：英语
（4）提要：该文件是 1922 年至 1927 年的金陵大学章程。

文件-5
（1）题名：*Outline of Organization of the University of Nanking*
（2）时间：1928 年

	（3）语言：英语、中文
	（4）提要：该文件系《私立金陵大学组织大纲草案》的中英文版。
文件-6	（1）题名：*Agreement Between the Board of Directors and the Board of Founders*
	（2）时间：1929 年
	（3）语言：英语
	（4）提要：该文件是金大校董会及创立人委员会审核通过的金大历史叙述、组织机构及其职责等说明。
文件-7	（1）题名：私立金陵大学普通规则（民国二十年至二十一年）
	（2）时间：1931—1932 年
	（3）语言：中文
	（4）提要：该文件是金陵大学 1931 年至 1932 年的学生章程，包括学生操行、注册、选课、考试、毕业、图书馆借阅规则、宿舍等规定。

案卷号 RG011-196-3379

文件-1	（1）题名：*Registration by the Ministry of Education*
	（2）时间：1921 年
	（3）语言：英语
	（4）提要：该文件是教育部对金陵大学注册要求的审查报告。
文件-2	（1）题名：*Property Account*
	（2）时间：1912—1933 年
	（3）语言：英语
	（4）提要：该文件是 1912 年至 1933 年金陵大学固定资产账目清单、学校建筑建设往来账目及有关机构或个人捐赠明细等。

文件-3
(1) 题名：斯泰格与迪芬多弗往来通信
(2) 时间：1912—1914 年
(3) 语言：英语
(4) 提要：该文件是 1912 年至 1914 年之间，斯泰格（William E. Stiger）与迪芬多弗（Ralph. E. Diffendorfer）两人就金陵大学有关事务的往来通信。

文件-4
(1) 题名：文怀恩、包文与拉塞尔、沙特迈尔以及美国金陵大学董事会等个人或机构往来通信
(2) 时间：1917—1918 年
(3) 语言：英语
(4) 提要：该文件是文怀恩、包文与拉塞尔（Sidney L. Lasell）、沙特迈尔（C. S. Settlemyer）以及美国金陵大学校董会等就金陵大学购置地产、校园建设等事的往来通信。

文件-5
(1) 题名：金陵大学同学会募建同学会所暨增设商科启
(2) 时间：1919 年
(3) 语言：中文
(4) 提要：该文件包含金陵大学《同学会为募建同学会所暨开办商科事致国内外同学书》以及金大各地校友会捐款信息，附金大校长包文签署的英文募捐信。

文件-6
(1) 题名：金陵大学同学院立础纪念册
(2) 时间：1922 年
(3) 语言：中文
(4) 提要：该文件是金陵大学校友会第五次恳亲会暨金大同学院立础典礼日程安排，另含金大同学院建筑设计图。

文件-7

(1) 题名：*Construction Needs of the University of Nanking Report Presented to the Committee on Policy*

(2) 时间：1934 年

(3) 语言：英语

(4) 提要：该文件是金大校产委员会撰写的关于金大建设的报告，包括建筑需求、预算等内容。

文件-8

(1) 题名：西北农工改进会与金陵大学合同

(2) 时间：1933 年

(3) 语言：中文

(4) 提要：该文件是西北农工改进会就在金大进行西北农事试验与金陵大学校长陈裕光、农学院院长谢家声签订的合同。

文件-9

(1) 题名：金陵大学购地凭证

(2) 时间：1932—1936 年

(3) 语言：中文

(4) 提要：该文件是金陵大学1932年至1936年之间向南京有关居民购地的凭契。

文件-10

(1) 题名：陈裕光与美国大使尼尔森·约翰逊通信

(2) 作者：陈裕光

(3) 时间：1937 年

(4) 语言：英语

(5) 提要：该文件是1937年8月金大校长陈裕光与美国大使尼尔森·约翰逊（Nelson T. Johnson）的通信，告知金大所有财产属于美国财产，请其保护等事。

文件-11

(1) 题名：私立金陵大学校址图

(2) 时间：1931 年

(3) 语言：中文

(4) 提要：该文件是 1931 年 9 月 25 日印行的金陵大学校址图（比例尺为 2400∶1）。

案卷号 RG011-196-3382

文件-1
(1) 题名：The Minister's Advice to Members of the Missions of Advisory Council Relative to the Registration of Their Properties in Nanking

(2) 时间：1935 年

(3) 语言：英语

(4) 提要：该文件是 1935 年 4 月 23 日南京地区传教士就金陵大学校产登记事宜召开的会议之记录，附在华有关传教组织负责人之间的往来通信。

文件-2
(1) 题名：Reports of the Special Committee Appointed by the Board of Directors to Make Recommendations Concerning the Registration of the Land

(2) 时间：1935—1936 年

(3) 语言：英语

(4) 提要：该文件是金大董事会下属特别委员会就金陵大学财产调查、登记、注册等事所作的报告，附 1935 年 11 月至 1936 年在华有关教会机构及金大校长陈裕光关于金大、金陵女子大学财产登记事宜的往来通信。

文件-3
(1) 题名：Report of a Meeting of Representatives of Mission Board Having Work in China

(2) 时间：1936 年

(3) 语言：英语

　　　　　　（4）提要：该文件是1936年9月23日有关传教组织在纽约召开的关于教会财产在华登记注册事宜的会议之纪要，附1936年11月9日的补充报告以及有关人士的往来通信。

文件-4　　（1）题名：*Statement Concerning the Registration of Land of the University of Nanking*
　　　　　　（2）时间：1936年
　　　　　　（3）语言：英语
　　　　　　（4）提要：该文件是关于金陵大学校产登记的一份声明，详细阐述了金陵大学关于校产登记事宜的进展及问题。

文件-5　　（1）题名：外国教会地产租照样式
　　　　　　（2）语言：中文、英语
　　　　　　（3）提要：该文件为样式表，包括永久租照、定期租照及登记申请书的中英文样式。

案卷号 RG011-196-3383

文件-1　　（1）题名：*Survey of the Site of the University of Nanking*
　　　　　　（2）时间：1911—1912年
　　　　　　（3）语言：英语
　　　　　　（4）提要：该文件包含中国、南京及金陵大学周围区域地图以及金陵大学校址规划图。

案卷号 RG011-197-3384

文件-1　　（1）题名：*The University of Nanking Bulletin*
　　　　　　（2）时间：1910—1914年
　　　　　　（3）语言：英语

（4）提要：该文件为英文版《金陵大学公报》，包括第 1 卷第 1 期、第 1 卷第 2 期、第 1 卷第 3 期、第 1 卷第 4 期、第 1 卷第 5 期、第 1 卷第 8 期，内容涉及金陵大学学校人事、组织机构、规章制度、学校概况、课程、学生名录等信息。

案卷号 RG011-197-3385

文件-1
（1）题名：The University of Nanking Bulletin
（2）时间：1914—1917 年
（3）语言：英语
（4）提要：该文件为英文版《金陵大学公报》，包括第 1 卷第 8 期、第 2 卷第 1 期、第 3 卷第 1 期、第 3 卷第 2 期，内容涉及金陵大学学校人事、组织机构、规章制度、学校概况、课程、学生名录等信息。

案卷号 RG011-197-3386

文件-1
（1）题名：The University of Nanking Bulletin
（2）时间：1918—1920 年
（3）语言：英语
（4）提要：该文件为英文版《金陵大学公报》，包括第 4 卷第 1 期、第 5 卷第 1 期，内容涉及金陵大学学校人事、组织机构、规章制度、学校概况、课程、学生名录等信息。

文件-2
（1）题名：Suggestions and Regulations for the Guidance of Students
（2）时间：1919 年
（3）语言：英语
（4）提要：该文件是 1919 年金陵大学学生指南，内容涉及学分要求、奖学金申请、费用、图书馆章程等。

案卷号 RG011-197-3387

文件-1
(1) 题 名：The University of Nanking Bulletin
(2) 时 间：1920—1924 年
(3) 语 言：英语、中文
(4) 提 要：该文件为英文版《金陵大学公报》，包括第 5 卷第 4 期、第 5 卷第 6 期，第 6 卷第 1 期、第 6 卷第 6 期、第 6 卷第 7 期、第 6 卷第 8 期、第 6 卷第 15 期，内容涉及金陵大学学校人事、组织机构、规章制度、学校概况、课程、学生名录、夏季学校招生等信息，其中教职员名录为中英文、夏季学校报名表为中英双语。

文件-2
(1) 题 名：University of Nanking Rules for the College
(2) 时 间：1921 年
(3) 语 言：英语
(4) 提 要：该文件是 1921 年金陵大学学生章程，内容涉及学分要求、奖学金申请、费用、图书馆章程等。

案卷号 RG011-197-3388

文件-1
(1) 题 名：The University of Nanking Bulletin
(2) 时 间：1924—1925 年
(3) 语 言：英语、中文
(4) 提 要：该文件为英文版《金陵大学公报》，包括第 6 卷第 14 期、第 6 卷第 19 期，第 7 卷第 1 期，内容涉及金陵大学学校人事、组织机构、规章制度、学校概况、课程、学生名录、夏季学校招生等信息，其中教职员名录、部分课程信息为中英双语。

案卷号 *RG011-197-3389*

文件-1
(1) 题名：*The University of Nanking Bulletin*
(2) 时间：1931 年
(3) 语言：英语、中文
(4) 提要：该文件为英文版《金陵大学公报》第 8 卷第 1 期，内容涉及金陵大学学校人事、组织机构、规章制度、学校概况、课程、学生名录等信息，其中教职员名录、部分课程信息为中英双语。

文件-2
(1) 题名：私立金陵大学文学院概况（民国二十五年至二十六年）
(2) 作者：文学院院长室
(3) 时间：1936 年
(4) 语言：中文
(5) 提要：该文件是 1936 年 7 月金大文学院出版的关于学院组织、教职员、课程等内容的介绍。

案卷号 *RG011-197-3389a*

文件-1
(1) 题名：*Condensed Schedule*
(2) 时间：1947—1948 年
(3) 语言：英语、中文
(4) 提要：该文件是 1947 年至 1948 年金陵大学各学院课程安排，包括课程代号、名称、时间、授课教师等信息，部分课程名用中英双语。

案卷号 RG011-197-3390

文件-1
(1) 题名：*Commencement Programme*
(2) 时间：1920—1926 年
(3) 语言：英语
(4) 提要：该文件是金陵大学及附属中学、幼儿园 1920 年至 1926 年（1925 年缺）的毕业典礼安排，含当年毕业生名单、大学本部毕业生照片。

文件-2
(1) 题名：金陵大学毕业秩序单
(2) 时间：1920—1926 年
(3) 语言：中文
(4) 提要：该文件是金陵大学及附属中学、幼儿园 1920 年至 1926 年（1925 年缺）的毕业典礼安排，含当年毕业生名单、大学本部毕业生照片。

案卷号 RG011-197-3391

文件-1
(1) 题名：*University of Nanking Statement*
(2) 时间：1912 年
(3) 语言：英语
(4) 提要：该文件是 1912 年金陵大学校况介绍。

文件-2
(1) 题名：*Alphabetical List of Junior and Senior College Students*
(2) 时间：1917 年
(3) 语言：英语
(4) 提要：该文件是 1917 年秋季金陵大学预科、本科及附属中学的学生名单。

文件-3　　（1）题名：Faculty and Student Enrolment
　　　　　　（2）时间：1920 年
　　　　　　（3）语言：英语
　　　　　　（4）提要：该文件是 1920 年上海长老会出版的金陵大学 1918—1919 学年教职员及学生名录。

文件-4　　（1）题名：Register of Students of Nanking University
　　　　　　（2）时间：1920 年
　　　　　　（3）语言：英语
　　　　　　（4）提要：该文件是金陵大学对以往历届学生数量（包括附中）的统计表，含 1919 年、1920 年学生籍贯统计。

文件-5　　（1）题名：Presbyterian Scholarship Boys in University of Nanking
　　　　　　（2）时间：1919—1920 年
　　　　　　（3）语言：英语
　　　　　　（4）提要：该文件是金陵大学 1919—1920 学年获得长老会奖学金的学生名单。

案卷号 RG011-197-3392

文件-1　　（1）题名：Presbyterian Scholarship Boys in University of Nanking
　　　　　　（2）时间：1921—1922 年
　　　　　　（3）语言：英语
　　　　　　（4）提要：该文件是金陵大学 1921—1922 学年春季学期获得长老会奖学金的学生名单。

文件-2　　（1）题名：Memorandum
　　　　　　（2）时间：1920 年
　　　　　　（3）语言：英语

	（4）提要：该文件是 1920 年 2 月 14 日金陵大学外籍教会教师召开的一次针对教会奖学金政策调整的会议之备忘录。
文件-3	（1）题名：*Statistics for the University of Nanking*
	（2）时间：1919—1921 年
	（3）语言：英语
	（4）提要：该文件是金陵大学 1919 年至 1921 年的学生统计，统计内容包括金陵大学本部学院、附属中学、籍贯等信息。

案卷号 RG011-198-3393

文件-1	（1）题名：*Report of the University of Nanking Student Christian Association*
	（2）时间：1919—1935 年
	（3）语言：英语
	（4）提要：该文件是金陵大学学生基督教协会 1919—1920、1929—1933、1934—1935 年度的报告，涉及该组织成员、章程、活动等内容，另含上海青年基督教协会与金大学生基督教协会的通信。

案卷号 RG011-198-3394

文件-1	（1）题名：*Students Refugee Experiences*
	（2）时间：1939 年
	（3）语言：英语
	（4）提要：该文件是金陵大学学生撰写的逃难经历，这些经历多发生于 1938 年。

案卷号 RG011-198-3395

文件-1
(1) 题名：金大学生学籍档案
(2) 语言：中文、英语
(3) 提要：该文件是金大学生刘纯泌（1944年2月入学，化学工程专业）、刘士和（1940年9月入学，电化教育专修科）、刘锡进（1945年9月入学，农科研究所）、刘德万（1934年春入学）四人学籍档案，含学生基本信息、各门课程成绩。

案卷号 RG011-198-3396

文件-1
(1) 题名：Graduates of University of Nanking
(2) 时间：1908—1920年
(3) 语言：英语、中文
(4) 提要：该文件是汇文书院1908年、金陵大学医学系1913年至1917年、金陵大学1920年毕业生名录，包括中英文姓名、中英文通讯地址等信息。

文件-2
(1) 题名：Alumni Directory of the University of Nanking in the United States
(2) 时间：1919—1969年
(3) 语言：英语、中文
(4) 提要：该文件是1919年至1920年、1924年1月、1945年5月、1948年、1957年10月、1969年6月统计的金大在美校友名录，包括中英文姓名、中英文通讯地址等信息。

文件-3
(1) 题名：Information Blank for China Christian Colleges' Alumni
(2) 时间：1947年
(3) 语言：英语、中文

（4）提要：该文件是金大基督教学生1947年向纽约中国教会学校董事会寄送的个人信息表，每一份信息表包含个人基本信息、照片、教育经历、工作经历等内容，该份档案中涉及人员有：张陈景乐、赵经义、陈绍龄、陈卫卿、贾伟廉、裘维番、赵士讃、朱纪勋、冯兆林、萧宗说、高钟润、刘屡祥、罗会元、陆之琳、蒋志仁、Wu Chung-luen、吴相淦。

文件-4

（1）题名：南京金陵大学香港校友会校友通讯录

（2）时间：1963年

（3）语言：中文

（4）提要：该文件是金陵大学香港校友会编撰的金陵大学香港校友会校友通讯录，内除通讯录之外，还包括香港校友撰写的金大历史、金陵求学回忆、金大香港校友会章程等。

文件-5

（1）题名：金陵大学旅台港美校友通讯录

（2）时间：1959年

（3）语言：中文

（4）提要：该文件是金陵大学旅居香港、台湾、美国校友的通讯录，内容包括姓名、年龄、毕业年份、院系、现任职务、现通讯地址。

文件-6

（1）题名：金陵大学旅台港校友手册

（2）时间：1963年

（3）语言：中文

（4）提要：该文件是金陵大学旅居香港、台湾校友的通讯录，内容包括姓名、年龄、毕业年份、院系、现任职务、现通讯地址。

案卷号 RG011-198-3397

文件-1
(1) 题名：Research Undertaken by Faculty and Students Also Miscellaneous Articles on Various Topics by Members of the Faculty
(2) 时间：1930 年
(3) 语言：英语
(4) 提要：该文件是金陵大学 1930 年对师生发表论著的简要统计，包括论著题名、发表时间、发表刊物（出版物）等信息。

案卷号 RG011-198-3398

文件-1
(1) 题名：Faculty and Student Enrolment
(2) 时间：1920 年
(3) 语言：英语
(4) 提要：该文件是 1920 年上海长老会出版的金陵大学 1918—1919 学年教职员及学生名录，该文件与 RG011-197-3391 案卷内容有重复。

文件-2
(1) 题名：New Faculty Members
(2) 时间：1920—1921 年
(3) 语言：英语
(4) 提要：该文件是 1920 年至 1921 年金陵大学及其附属机构新进教职员名单。

文件-3
(1) 题名：University of Nanking Staff
(2) 时间：1927—1949 年
(3) 语言：英语、中文
(4) 提要：该文件是 1927 年至 1949 年间对金陵大学中西教职员信息的统计，包括姓名、年龄、职务、毕业院校、通讯地址等。

案卷号 *RG011-198-3399*

文件-1
（1）题名：*Joseph Bailie*
（2）语言：英语
（3）提要：该文件是 Joseph Bailie 的系列档案，包括其撰写的论著手稿、去世后中国报纸刊登的讣告以及美国长老会与金大就 Joseph Bailie 去世的往来通信。

文件-2
（1）题名：*Arthur John Bowen*
（2）语言：英语
（3）提要：该文件是 Edward James 撰写的包文传记，对其四十年在华服务情况给予详细的描述。

案卷号 *RG011-198-3400*

文件-1
（1）题名：*Charles H. Riggs*
（2）语言：英语
（3）提要：该文件是关于 Charles H. Riggs 的系列档案，包括报纸上对 Charles H. Riggs 在中国工作、获奖的报道，以及他人撰写的对其在金陵大学期间的描述等。

文件-2
（1）题名：*Darlius Leander Swann*
（2）时间：1948 年
（3）语言：英语
（4）提要：该文件是关于任命 Darlius Leander Swann 为金大英文教师的档案，包括 Darlius Leander Swann 的简历等。

文件-3
（1）题名：*Tribute in Memory of Dr. John Elis Williams*
（2）时间：1928 年

（3）语言：英语、中文

（4）提要：该文件是金陵大学副校长文怀恩的纪念集，其中包括王正廷撰写的悼文、文怀恩墓表以及文怀恩遇难后的有关报道、文怀恩夫人及美国有关人员撰写的有关通信等。

案卷号 RG011-198-3401

文件-1
（1）题名：Minutes of College Faculty Meeting
（2）时间：1916—1920 年
（3）语言：英语
（4）提要：该文件是金陵大学 1916 年至 1920 年教职员会议纪要，另含金大学生工作委员会、课程委员会、行政委员会等递交给教职员会议的报告。

案卷号 RG011-198-3402

文件-1
（1）题名：Minutes of College Faculty Meeting
（2）时间：1921—1922 年
（3）语言：英语
（4）提要：该文件是金陵大学 1921 年至 1922 年教职员会议纪要，另含金大学生工作委员会、课程委员会、行政委员会、图书馆委员会等递交给教职员会议的报告。

案卷号 RG011-198-3403

文件-1
（1）题名：Minutes of College Faculty Meeting
（2）时间：1923—1926 年
（3）语言：英语
（4）提要：该文件是金陵大学 1923 年至 1926 年教职员会议纪

要，另含金大学生工作委员会、课程委员会、行政委员会、图书馆委员会等递交给教职员会议的报告。

文件-2

(1) 题名：*Minutes of the Fifth Annual Meeting of the Association of Christian Colleges and Universities in China*

(2) 时间：1924 年

(3) 语言：英语

(4) 提要：该文件是 1924 年 2 月 5 日至 7 日在南京金陵女子大学召开的中国教会学校第五次年度会议之纪要。

案卷号 RG011-198-3404

文件-1

(1) 题名：*A New China in Nanking*

(2) 作者：章之汶

(3) 时间：1946 年

(4) 语言：英语

(5) 提要：该文件是金陵大学农学院院长章之汶撰写呈交给美国在华基督教高等教育联合董事会的一份报告，内容涉及二战后中国及南京的有关情况以及金陵大学农学院参与农业项目的介绍，报告上有董事会有关成员的签名。

文件-2

(1) 题名：*Crop Investigation in the Nanking Area and Sundry Economic Data*

(2) 作者：贝德士（Miner Searle Bates）

(3) 时间：1938 年

(4) 语言：英语

(5) 提要：该文件是金陵大学教授贝德士（Miner Searle Bates）代表南京国际救济委员会（Nanking International Relief Committee）所作的《南京地区作物调查及各种经济数据报告》，报告由上海水星出版社（The Mercury Press）出版。

文件-3
(1) 题名：*The Nanking Population: Employment, Earnings and Expenditures*
(2) 作者：贝德士
(3) 时间：1939年
(4) 语言：英语
(5) 提要：该文件是金陵大学教授贝德士代表南京国际救济委员会所作的《南京人口：就业、收入及支出》调查报告。

文件-4
(1) 题名：*The Effect of the Japanese Invasion on Higher Education in China*
(2) 作者：芳威廉（William P. Fenn）
(3) 时间：1940年
(4) 语言：英语
(5) 提要：该文件是金陵大学外文系系主任芳威廉（William P. Fenn）1940年撰写的《日本侵略对中国高等教育影响》报告，报告由中国太平洋国际学会（China Institute of Pacific Relations）出版。

文件-5
(1) 题名：*Missions in War*
(2) 作者：贝德士
(3) 语言：英语
(4) 提要：该文件是贝德士撰写的提交给美国基督教联合传教会（United Christian Missionary Society）的一份报告，报告没有明确日期，内容主要涉及战时基督教的使命与任务。

案卷号 RG011-198-3405

文件-1
(1) 题名：*Education and Size of Family in China*
(2) 作者：郭仁风（J. B. Griffing）

(3) 时间：1926 年

(4) 语言：英语

(5) 提要：该文件是金大农林科教师郭仁风（J. B. Griffing）发表在《遗传杂志》（Journal of Heredity）1926 年第 9 期上的《中国家庭教育与规模》论文。

文件-2
(1) 题名：Union in Medical Education

(2) 作者：施尔德（R. T. Shields）

(3) 时间：1911 年

(4) 语言：英语

(5) 提要：该文件是金陵大学施尔德（R. T. Shields）发表在《中国医学杂志》（The China Medical Journal）1911 年第 1 期上题为《中国医学教育合作》的文章。

文件-3
(1) 题名：Nanking University Graduation Address

(2) 作者：福开森（John C. Ferguson）

(3) 时间：1909 年

(4) 语言：英语

(5) 提要：该文件是福开森（John C. Ferguson）撰写的关于南京汇文书院教育的文章。

文件-4
(1) 题名：Religious Instruction in Mission Schools

(2) 作者：福开森

(3) 时间：1930 年

(4) 语言：英语

(5) 提要：该文件是福开森发表在 1930 年 9 月 23 日《字林西报》（North China Daily News）上文章的预印本。

文件-5　　（1）题名：限制宗教教育问题
　　　　　　（2）作者：福开森
　　　　　　（3）时间：1930年
　　　　　　（4）语言：中文
　　　　　　（5）提要：该文件是福开森发表在1930年8月18日《大公报》上同名文章的单行本。

文件-6　　（1）题名：*Silver and Chinese Price Level*
　　　　　　（2）作者：史迈士（Andron B. Lewis）、张履鸾
　　　　　　（3）时间：1933年
　　　　　　（4）语言：英语、中文
　　　　　　（5）提要：该文是金陵大学教师史迈士（Andron B. Lewis）与张履鸾二人经过调查撰写的《白银与中国物价》报告，报告由金陵大学农学院出版，报告主体使用英语，表格则用中英双语。

案卷号 RG011-198-3406

文件-1　　（1）题名：*Information Blank for China Christian Colleges' Faculty Members*
　　　　　　（2）时间：1947—1948年
　　　　　　（3）语言：英语、中文
　　　　　　（4）提要：该文件是1947年至1948年间金大教职员填写的信息表，信息表除中文名一项外，其他全用英文填写，部分贴有证件照。

案卷号 RG011-199-3407

文件-1
(1) 题名：Schedules of Salaries and Allowance for Foreign Staff
(2) 时间：1926—1931 年
(3) 语言：英语
(4) 提要：该文件是 1926 年至 1931 年间金陵大学外籍教职员薪金发放标准、统计等信息，另含有关通信。

文件-2
(1) 题名：Retirement Plan Proposed by Board of Founders
(2) 时间：1931 年
(3) 语言：英语
(4) 提要：该文件是金大外籍教职员就有关退休事宜调查填写的回复。

文件-3
(1) 题名：Analysis of Faculty and Staff of the University of Nanking
(2) 时间：1931 年
(3) 语言：英语
(4) 提要：该文件是对 1930 年金大教职员及薪金情况的调查报告。

文件-4
(1) 题名：芳威廉致陈裕光书信一通
(2) 时间：1945 年
(3) 语言：英语
(4) 提要：该文件是 1945 年芳威廉就金大教职员休假及海外进修事宜致陈裕光的信件。

案卷号 RG011-199-3408

文件-1
（1）题名：Bulletin of the University of Nanking: Report of the College of Agriculture and Forest
（2）时间：1918—1924 年
（3）语言：英语
（4）提要：该文件是《金陵大学公报》中"农学院年度报告"专号，内容涵盖 1918 年至 1924 年金大农学院年度概况总结，涉及教职员信息、学生信息、教学研究情况、农业试验、对外合作等，报告中除文字外，还有照片。

案卷号 RG011-199-3409

文件-1
（1）题名：Bulletin of the University of Nanking: Annual Report of the College of Agriculture and Forest and Experiment Station
（2）时间：1925—1927 年
（3）语言：英语、中文
（4）提要：该文件是 1925 年至 1927 年《金陵大学公报》中"农学院年度报告"专号，涉及教职员信息（教职员姓名为中英双语）、学生信息、教学研究情况、农业试验、对外合作等，报告中除文字外，还有照片。

文件-2
（1）题名：Publications of the University of Nanking College of Agriculture and Forest
（2）时间：1926 年
（3）语言：英语
（4）提要：该文件是金陵大学农学院 1926 年部分教师发表论文的预印本。

案卷号 RG011-199-3410

文件-1
（1）题名：Bulletin of the University of Nanking: Annual Report of the College of Agriculture and Forest and Experiment Station
（2）时间：1928—1934年
（3）语言：英语、中文
（4）提要：该文件是1928年至1934年《金陵大学公报》中"农学院年度报告"专号，涉及教职员信息（教职员姓名为中英双语）、学生信息、教学研究情况、农业试验、对外合作等，报告中除文字外，还有照片。

文件-2
（1）题名：Annual Report: The College of Agriculture and Forest
（2）时间：1941年
（3）语言：英语
（4）提要：该文件是金陵大学农学院1940年6月至1941年6月的年度报告，内容涉及金大农学院学生、课程、研究项目、人事、研究成果等。

案卷号 RG011-199-3411

文件-1
（1）题名：私立金陵大学农学院概况（民国十九年至二十年）
（2）时间：1931年
（3）语言：中文
（4）提要：该文件是金陵大学农学院概况介绍，内容涉及农学院组织结构、各系概况、师生概况、课程介绍等。

案卷号 RG011-199-3412

文件-1
（1）题名：Letters of Commendation
（2）时间：1915—1928 年
（3）语言：英语
（4）提要：该文件是 1915 年至 1928 年间，屈映光、蔡元培、薛笃弼、易培基、中国农业协会等政要、机构写给金陵大学农学院的信件，褒奖金大农学院对中国农业、农村事务的贡献，除信件外，还有一些当时报纸评论。

案卷号 RG011-199-3413

文件-1
（1）题名：The University of Nanking Bulletin: Agriculture Department
（2）时间：1915 年
（3）语言：英语
（4）提要：该文件是 1915 年第 1 卷第 10 期《金陵大学公报》中"农林科"专号，涉及农林科概况、教学研究情况等信息。

文件-2
（1）题名：芮恩施书信
（2）时间：1915 年 6 月 19 日
（3）语言：英语
（4）提要：该文件是 1915 年 6 月 19 日致美国驻华公使芮恩施（Paul Samuel Reinsch）的一封书信，写信人阙，内容为美国支持金大农林科事。

文件-3
（1）题名：Recommendations in Regard to the Organization of an Experiment Station; Recommendations for Work in Silk Culture to Be Undertaken by the College of Agriculture and Forest,

University of Nanking

(2) 作者：吴伟士（C. W. Woodworth）

(3) 时间：1918 年

(4) 语言：英语

(5) 提要：该文件是金大农学院蚕桑学系系主任吴伟士（C. W. Woodworth）就金大农学院发展提出的建议。

文件-4

(1) 题名：*Farm Implement Supplement*

(2) 语言：英语

(3) 提要：该文件是金陵大学农学院关于农具的研究报告，时间不详。

文件-5

(1) 题名：*The University of Nanking: College of Agriculture and Forest*

(2) 作者：芮思娄（John H. Reisner）

(3) 时间：1924 年

(4) 语言：英语

(5) 提要：该文件是金大农学院院长芮思娄（John H. Reisner）1924 年撰写的 1923 年 6 月至 1924 年 6 月金大农学院年度情况报告。

文件-6

(1) 题名：*Report of Work in Plant Improvement Under the Cooperative Agreement Between the College of Agriculture and Forest, University of Nanking, International Education Board and Cornell University*

(2) 作者：洛夫（H. H. Love）

(3) 时间：1925 年

(4) 语言：英语

(5) 提要：该文件是康奈尔大学农学专家洛夫（H. H. Love）撰

写的关于康奈尔大学与金大农学院合作研究实验的报告。

文件-7
(1) 题名：Bulletin of the College of Agriculture and Forest, University of Nanking
(2) 时间：1926 年
(3) 语言：英语
(4) 提要：该文件是 1926 年出版的第 12 期《金大农学院公报》，内容包括金大农学院有关研究、会议报告。

文件-8
(1) 题名：University of Nanking Rural Economy Visiting Professorships
(2) 时间：1930 年
(3) 语言：英语
(4) 提要：该文件是金大农学院在农村经济、农村社会学、农场管理等方面培训中国学生的系列档案，包括需求分析、培训方法、师资介绍、预算等。

文件-9
(1) 题名：金大农学院对外合作档案
(2) 时间：1930—1942 年
(3) 语言：英语
(4) 提要：该文件是 1930 年至 1942 年间金大农学院与纽约州立农学院（New York State College of Agriculture）、康奈尔大学及其他有关组织合作的档案，包括往来通信、合作项目、合作研究报告等。

文件-10
(1) 题名：金陵大学农学院三十周年纪念奖学金捐款芳名录
(2) 时间：1943 年
(3) 语言：中文
(4) 提要：该文件是金陵大学农学院成立三十周年纪念专刊第 4 号，

记录了为金大农学院三十周年纪念奖学金捐款的人员及款额。

文件-11
(1) 题名：*A Post War Program for the College of Agriculture and Forest, University of Nanking, China*
(2) 作者：I. A. Review
(3) 时间：1946 年
(4) 语言：英语
(5) 提要：该文件是 I. A. Review 撰写的战后金大农学院项目规划。

文件-12
(1) 题名：*The Present Situation of the College of Agriculture and Forest, University of Nanking*
(2) 作者：章之汶
(3) 时间：1947 年
(4) 语言：英语
(5) 提要：该文件是金大农学院院长章之汶 1947 年 3 月 20 日撰写的关于金大农学院的一份报告。

文件-13
(1) 题名：金大农学院有关项目档案
(2) 时间：1939—1947 年
(3) 语言：英语
(4) 提要：该文件是 1939 年至 1947 年间金大农学院有关项目的介绍、项目报告、经费捐赠等。

案卷号 RG011-199-3414

文件-1
(1) 题名：*Needs of the College of Agriculture and Forest of the University of Nanking for a Ten-Year Period of Future Development*

　　　　　　　（2）时间：1933 年

　　　　　　　（3）语言：英语

　　　　　　　（4）提要：该文件是金大农学院向洛克菲勒基金会提交的报告，其中包括农学院概况、当前需求、经费预算、学生概况等内容。

文件-2　　（1）题名：金陵大学会计与有关机构及个人往来通信

　　　　　　　（2）时间：1914—1915 年

　　　　　　　（3）语言：英语

　　　　　　　（4）提要：该文件是 1914 年至 1915 年间金大会计与纽约金大董事会及有关人员就金大经费事宜的往来通信。

文件-3　　（1）题名：金大农学院会议纪要

　　　　　　　（2）时间：1932 年

　　　　　　　（3）语言：英语

　　　　　　　（4）提要：该文件是 1932 年 9 月金大农学院全体教职员会议纪要，会议主要讨论金大农学院经费问题。

文件-4　　（1）题名：*Rural Economy University of Nanking Visiting Professorships*

　　　　　　　（2）时间：1930 年

　　　　　　　（3）语言：英语

　　　　　　　（4）提要：该文件是金大农学院在农村经济、农村社会学、农场管理等方面培训中国学生的系列档案，包括需求分析、培训方法、师资介绍、预算等，与 RG011-199-3413 案卷部分内容有重复。

文件-5　　（1）题名：*Publications of the College of Agriculture and Forest of the University of Nanking*

(2) 时间：1932 年

(3) 语言：英语

(4) 提要：该文件是 1932 年金大农学院对学院及教职员出版论著的统计。

文件-6　　(1) 题名：*A Proposed Project for the Study of the Economic and Social Relationship Between City and Country by the University of Nanking*

(2) 时间：1933 年

(3) 语言：英语

(4) 提要：该文件是 1933 年金大农学院研究城乡社会、经济关系的一个项目方案。

案卷号 RG011-199-3415

文件-1　　(1) 题名：*University of Nanking, College of Agriculture and Forest, Research Library of Old Chinese Book on Agriculture and Related Subjects*

(2) 时间：1930 年

(3) 语言：英语

(4) 提要：该文件是金大农学院农业图书研究部编辑中国古代农书索引的项目书，包括项目概述、经费预算、农业图书馆介绍等内容，并附农业图书部与哈佛燕京学社、司徒雷登就该项目的往来通信。

案卷号 RG011-199-3416

文件-1　　(1) 题名：*Report on Cotton Experiment 1919*

(2) 作者：芮思娄

(3) 时间：1919 年

(4) 语言：英语

(5) 提要：该文件是金陵大学农学院与有关地区、机构开展棉花合作实验的报告。

文件-2
(1) 题名：芮思娄致中国棉纺厂协会信件

(2) 作者：芮思娄

(3) 时间：1920 年

(4) 语言：英语

(5) 提要：该文件是芮思娄 1920 年 3 月 27 日致中国棉纺厂协会的一封信，并附 1919 年棉花实验报告。

文件-3
(1) 题名：*An Experiment in Adult Education and Extension Work Among Chinese Farmers in Cooperation With Local Missionaries*

(2) 语言：英语

(3) 提要：该文件是金大农学院与传教士合作开展农村实验的报告。

文件-4
(1) 题名：*Extension Work*

(2) 作者：托瑞（R. A. Torrey）

(3) 时间：1923 年

(4) 语言：英语

(5) 提要：该文件记载了托瑞（R. A. Torrey）与金大农学院合作开展农业延伸服务的情况。

案卷号 RG011-199-3417

文件-1
(1) 题名：义农会襄助名单

(2) 语言：中文、英语

(3) 提要：金大数学教授裴义理（Joseph Bailie）出于帮助中国农民种植荒地、自谋生计的考虑创办了义农会（The Famine Colonization Association），该档案是当时中国名流政要表示愿意襄助这一组织的亲笔签名，签名人包括孙文、袁世凯、黎元洪、宋教仁、蔡元培、张謇、段祺瑞、唐绍仪等 30 人。

文件-2
(1) 题名：First Annual Report of the Lai An Branch Colony Colonization Association of Republic of China
(2) 作者：Charles Best
(3) 时间：1915 年
(4) 语言：英语
(5) 提要：该文件是安徽来安县义农会分会的年度报告。

文件-3
(1) 题名：Constitution of the Colonization Association of Republic of China
(2) 语言：英语
(3) 提要：该文件是义农会章程，涉及组织机构、管理、主要任务等。

文件-4
(1) 题名：Factors of Famine Prevention in China
(2) 作者：芮思娄
(3) 语言：英语
(4) 提要：该文件是芮思娄撰写的《中国饥荒预防因素》报告，研究中国饥荒的产生原因。

文件-5
(1) 题名：America Help China Reforest Her Barren Hills
(2) 作者：芮思娄
(3) 时间：1921 年
(4) 语言：英语

(5) 提要：该档案是芮思娄撰写的题为《美国帮助中国荒山造林》的实践总结报告。

文件-6
(1) 题名：China's Forest Gone
(2) 时间：1921 年
(3) 语言：英语
(4) 提要：该文件是美国《纽约时报》1921 年 6 月 13 日刊登的《中国森林消失》（China's Forest Gone）一文的抽印本。

文件-7
(1) 题名：Forest Work Now Carried on by the University of Nanking
(2) 语言：英语
(3) 提要：该文件记述了金大农学院参与的森林工作，但文件有缺失，不全。

案卷号 RG011-199-3418

文件-1
(1) 题名：Famine Prevention Program Five-Year Report
(2) 时间：1930 年
(3) 语言：英语、中文
(4) 提要：该文件是金陵大学 1930 年提交给中国救荒基金会（China Famine Fund）的详述金大农学院 1923 年至 1928 年间利用救荒基金开展的研究及实践活动，报告除文字外，还有大量照片。报告文字以英文为主，部分内容用中文补充说明。报告前有陈裕光 1930 年 4 月 24 日致该基金会的英文信函，报告第 44-45 页、56-57 页、59 页、145-146 页、154 页、180-182 页、206-212 页缺失。

文件-2
(1) 题名：*Summary Report: Nanking Cooperative Crop Improvement Project*
(2) 时间：1932 年
(3) 语言：英语
(4) 提要：该文件是金大农学院与康奈尔大学合作开展作物改良研究的报告。

案卷号 RG011-200-3419

文件-1
(1) 题名：*Land Utilization in China Project*
(2) 时间：1928 年
(3) 语言：中文
(4) 提要：该文件是金大农学院向中国太平洋国际学会提交的中国土地利用研究规划书，涉及研究内容、方法、研究基础等内容，另含陈裕光致该机构有关人员的英文信件。

案卷号 RG011-200-3420

文件-1
(1) 题名：*University of Nanking Bulletin*
(2) 时间：1924—1927 年
(3) 语言：英语
(4) 提要：该文件是 1924 年至 1927 年《金陵大学公报》中农学院开展农村工作人员培训的特刊，主要介绍金大农学院开展的相关课程、收费等内容。

文件-2
(1) 题名：*Rural Community Survey*
(2) 时间：1924 年
(3) 语言：英语
(4) 提要：该文件是金大农学院农业经济系设计的关于中国乡村的调查表。

文件-3
(1) 题名：*Notes on the Rural Leaders Training School in the College of Agriculture and Forest of the University of Nanking*

(2) 时间：1930—1931 年

(3) 语言：英语

(4) 提要：该文件是金大农学院主办的一份不定期刊物，由章之汶主编，内容是对金大农学院开展乡村培训工作的通讯介绍。

文件-4
(1) 题名：*Loan Books for Rural Works*

(2) 时间：1926 年

(3) 语言：英语

(4) 提要：该文件是金大农学院出版的一份报告，介绍农学院与金大图书馆合作开展的乡村阅读项目，涉及该项目的介绍、借阅条件、书目等内容。

文件-5
(1) 题名：*Report of the Division of Rural Engineering*

(2) 时间：1932—1935 年

(3) 语言：英语

(4) 提要：该文件是 1932 年至 1935 年间金大农业工程系开展的有关研究及实践的系列报告。

案卷号 RG011-200-3421

文件-1
(1) 题名：*Nursery Stock and Seed List*

(2) 时间：1915—1923 年

(3) 语言：英语

(4) 提要：该文件是金大农学院 1915 年至 1923 年有关农作物种子收集的档案。

案卷号 RG011-200-3422

文件-1
（1）题名：南京金陵大学校养蚕速成科
（2）时间：1918 年
（3）语言：中文
（4）提要：该文件是金大养蚕速成科的招生介绍。

文件-2
（1）题名：Report on Mulberry and Sericulture Work
（2）时间：1919 年
（3）语言：英语
（4）提要：该文件是金大提交给中国蚕桑改良国际委员会的关于桑树及养蚕工作的报告，报告前有芮思娄 1919 年 12 月 3 日致该委员会有关负责人的信件一通。

文件-3
（1）题名：Admission to the College Special Courses in Sericulture: The Summer Schools
（2）时间：1921 年
（3）语言：英语
（4）提要：该文件是 1921 年《金陵大学公报》中"夏季学校养蚕科"专号，主要介绍夏季学校中与养蚕有关的课程、师资、学时、学费等内容。

案卷号 RG011-200-3423

文件-1
（1）题名：Colonization: The Organization of Nanking Branch Association
（2）时间：1914 年
（3）语言：英语、中文
（4）提要：该文件是 1914 年《金陵大学公报》中"中华民国义农

会南京分会"特刊，介绍南京分会的成员、章程、成立大会纪要等，除文字外，还有成员照片，照片配有中文。

文件-2
(1) 题名：*Prof. Bailie's Colonization Work at Kirin and the Chinese Militarists*
(2) 作者：Hollington K. Tong
(3) 时间：1919 年
(4) 语言：英语
(5) 提要：该文件是 1919 年 8 月 23 日 *Millard Review* 所刊文章的预印本，介绍了裴义理在中国开展义农会工作的情况。

案卷号 RG011-200-3424

文件-1
(1) 题名：卜凯论著汇集
(2) 作者：卜凯（John Lossing Buck）
(3) 时间：1919—1930 年
(4) 语言：英语、中文
(5) 提要：该文件是金大农学院美籍教师卜凯（John Lossing Buck）1919 年至 1930 年间发表的系列研究成果汇集，其中《河北盐山县一百五十农家之经济及社会调查》由孙文郁翻译成中文，刊发于"金陵大学农林科丛刊"。

案卷号 RG011-200-3425

文件-1
(1) 题名：金大农学院中国籍教师研究成果汇集
(2) 时间：1918—1935 年
(3) 语言：英语、中文
(4) 提要：该文件是金大农学院中国籍教师 1918 年至 1935 年间发表的有关研究论文汇集，论文以英文为主，少数为中文。

案卷号 RG011-200-3426

文件-1
(1) 题名：金大农学院外籍教师研究成果汇集
(2) 时间：1923—1926 年
(3) 语言：英语
(4) 提要：该文件是金大农学院外籍教师 J. W. Decker、Charles S. Gibb、J. B. Griffing 三人在 1923 年至 1926 年间发表的有关研究论文汇集。

案卷号 RG011-200-3427

文件-1
(1) 题名：金大农学院外籍教师研究成果汇集
(2) 时间：1924—1927 年
(3) 语言：英语
(4) 提要：该文件是金大农学院外籍教师 W. C. Lowdermilk、R. H. Porter、Frank. W. Price 三人在 1924 年至 1927 年间发表的有关研究论文汇集。

案卷号 RG011-200-3428

文件-1
(1) 题名：芮思娄研究论著汇集
(2) 作者：芮思娄
(3) 时间：1920—1926 年
(4) 语言：英语
(5) 提要：该文件是芮思娄在 1920 年至 1926 年间有关研究论著的汇集。

案卷号 RG011-200-3429

文件-1
(1) 题名：金大农学院教师研究成果汇集
(2) 时间：1926—1962 年
(3) 语言：英语、中文
(4) 提要：该文件是金大农学院教师 B. A. Slocum、史德蔚（Albert B. Steward）、卜凯、应廉耕四人在 1924 年至 1927 年间发表的有关研究论文、报告汇集。

案卷号 RG011-200-3430

文件-1
(1) 题名：金陵大学农学院丛刊论文汇集
(2) 时间：1933—1934 年
(3) 语言：中文、英语
(4) 提要：该文件是 1933 年至 1934 年"金陵大学农学院丛刊"上刊发的农学院中国籍教职员俞大绂、沈宗瀚、戴芳澜、郝钦铭、陈嵘、乔启明、徐天锡、胡昌炽等人的中英文研究论文汇集。

案卷号 RG011-201-3431

文件-1
(1) 题名：金陵大学农学院丛刊论文汇集
(2) 时间：1935 年
(3) 语言：中文、英文
(4) 提要：该文件是 1935 年"金陵大学农学院丛刊"上刊发的农学院教职员王绶、黄亮、徐天锡、史德蔚、朱会芳、孙仲逸、樊庆生、俞大绂等人的中英文研究论文汇集。

案卷号 *RG011-201-3432*

文件-1
- （1）题名：南京逐日气象报告
- （2）时间：1925 年
- （3）语言：中文、英语
- （4）提要：该文件是 1925 年 1 月至 3 月南京每日气象记录。

案卷号 *RG011-201-3433*

文件-1
- （1）题名：*Special report*
- （2）时间：1934—1935 年
- （3）语言：英语
- （4）提要：该文件是金大农学院 1934 年至 1935 年出版的 C. H. Myers、洛夫（H. H. Love）、C. M. Heh、章元玮等人撰写的特别研究报告。

案卷号 *RG011-201-3434*

文件-1
- （1）题名：*Curricula of the College of Arts and College of Law of Universities Established by the North China Higher Education Commission*
- （2）时间：1949 年
- （3）语言：英语
- （4）提要：该文件是对 1949 年 10 月 12 日《新民报》上刊载的华北高等教育委员会设立的文学院、法学院课程及培养目标等内容的摘录。

文件-2
- （1）题名：*Courses Offered From 1931—1935*
- （2）时间：1935 年

(3) 语言：英语

(4) 提要：该表格记录了 1931 年至 1935 年金大文学院开设的部分课程名称及开课时间。

案卷号 RG011-201-3434B

文件-1
(1) 题名：私立金陵大学文学院概况（民国二十年至二十一年）
(2) 作者：文学院院长室
(3) 时间：1931 年
(4) 语言：中文
(5) 提要：该文件是 1931 年出版的《私立金陵大学文学院概况（民国二十年至二十一年）》，介绍了金陵大学文学院历史、组织机构、教职员、各系科概况及课程等内容。

文件-2
(1) 题名：金陵大学各学院报告
(2) 时间：1947 年
(3) 语言：英语
(4) 提要：该文件是金大文学院院长倪青原、理学院院长裘家奎、农学院院长章之汶、附属医院院长 J. Horton. Daniels 于 1947 年提交的各机构年度报告。

案卷号 RG011-201-3435

文件-1
(1) 题名：Report of the College of Science
(2) 时间：1921—1944 年
(3) 语言：英语
(4) 提要：该文件是 1921 年至 1944 年金陵大学理学院报告，其中 1920 年代部分报告是从他人考察南京地区教育报告中节录的，1931 年开始为单独报告，基本都是由理学院院长魏学仁所写。

案卷号 RG011-201-3436

文件-1
- （1）题名：*The University of Nanking Bulletin*
- （2）时间：1913—1915 年
- （3）语言：英语
- （4）提要：该文件是《金陵大学公报》中"师范科"专号，主要介绍金大师范科课程、学时、费用等内容。

文件-2
- （1）题名：金陵大学堂师范科通告书
- （2）时间：1913—1915 年
- （3）语言：中文
- （4）提要：该文件是金大师范科招生通告书，包括课程、学时、学费等内容介绍。

文件-3
- （1）题名：*A Report Concerning the School of Education of the University of Nanking to the Board of Trustees*
- （2）作者：A. Archibald Bullock
- （3）时间：1918 年
- （4）语言：英语
- （5）提要：该文件是提交给纽约金大校董会的金大师范科报告。

文件-4
- （1）题名：筹建金陵大学教育系有关档案
- （2）时间：1947 年
- （3）语言：英语
- （4）提要：该文件是 1947 年袁伯樵等人筹划重建金大教育系的报告，含课程计划，与金陵女大吴贻芳、基督教高等教育联合会的有关通信等。

案卷号 *RG011-201-3437*

文件-1
（1）题名：*Deed Gift and of Bailment*
（2）时间：1935 年
（3）语言：英语
（4）提要：该文件是福开森收藏的捐赠协议文本以及藏品目录。

案卷号 *RG011-201-3438*

文件-1
（1）题名：*New Tools for Teaching New Materials*
（2）时间：1947 年
（3）语言：英语
（4）提要：该文件是金大电影播音系致全校教职员的一封公开信，讲述如何在教学过程中使用电影等新媒介辅助教学。

文件-2
（1）题名：*A Brief Account of the Film & Radio Program*
（2）时间：1947 年
（3）语言：英语
（4）提要：该文件是对金陵大学理学院电影播音系历史发展的介绍。

文件-3
（1）题名：*Progress Report on Project on Audio-Visual Aids in Teaching*
（2）时间：1950 年
（3）语言：英语
（4）提要：该文件是对金大教学过程中采用电影等新媒体之后所取得进展的报告。

文件-4
（1）题名：金陵大学理学院电影播音系课程大纲
（2）语言：中文、英语
（3）提要：该文件是金陵大学理学院电影播音系课程的中英文介绍。

案卷号 RG011-201-3439

文件-1
（1）题名：Report of Institute of Chinese Cultural Studies
（2）作者：李小缘
（3）时间：1941年
（4）语言：英语、中文
（5）提要：该文件是李小缘撰写的金陵大学中国文化研究所1940年7月至1941年6月之间的年度报告，包括研究、教学、经费使用等情况，报告主体为英语，书名、人名等用中英文双语。

案卷号 RG011-201-3440

文件-1
（1）题名：The Charles S. Keen Memorial Collection of Books Related to China
（2）时间：1924—1926年
（3）语言：英语
（4）提要：该文件是金大华言科主任钦嘉乐（Charles Scull Keen）1923年逝世后，其学生及友人为纪念钦嘉乐而募款购置中国有关图书的档案，包括包文、芮思娄等有关通信、筹款明细、购置图书书目等。

案卷号 RG011-201-3441

文件-1
(1) 题名：金陵大学图书馆丛刊
(2) 时间：1924—1933 年
(3) 语言：中文
(4) 提要：该文件收录了"金陵大学图书馆丛刊"第 1 种《中国农书目录汇编》（毛雝，1924 年）、第 3 种《金陵大学图书馆中文地理书目》（农业图书研究部编，1929 年）、第 4 种《金陵大学图书馆概况》（1929 年）、第 5 种《金陵大学图书馆方志目》（万国鼎、储瑞棠编，1933 年）。

文件-2
(1) 题名：筹建金陵大学图书馆馆舍有关档案
(2) 时间：1925—1926 年
(3) 语言：英语
(4) 提要：该文件是 1925 年至 1926 年间金陵大学图书馆呈交的有关筹建馆舍的档案。

文件-3
(1) 题名：The University of Nanking Library: Statistics for Books on Shelves and in Need of Shelves
(2) 时间：1946 年
(3) 语言：英语
(4) 提要：该文件是对金大图书馆馆藏及需求的统计。

文件-4
(1) 题名：Collaboration Between Ginling and Nanking
(2) 时间：1946 年
(3) 语言：英语
(4) 提要：该文件是 1946 年 7 月 2 日召开的金陵大学与金陵女子大学联合会议之纪要，主要记述了两校达成的合作协议。

文件-5
（1）题名：金陵大学与金陵女子大学建立联合图书馆有关档案
（2）时间：1947 年
（3）语言：英语
（4）提要：该文件是 1947 年金陵大学与金陵女子大学建立联合图书馆的有关计划及与纽约金大董事会之间的通信。

案卷号 RG011-201-3442

文件-1
（1）题名：Announcement: East China Union Medical College, Nanking China
（2）时间：1911 年
（3）语言：英语
（4）提要：该文件是 1911 年在南京筹建华东联合医学院的声明，内容包括医学院地址、师资、入学要求等。

文件-2
（1）题名：Meeting of the Board of Managers of the East China Union Medical College
（2）时间：1912—1913 年
（3）语言：英语
（4）提要：该文件是华东联合医学院管理委员会 1912 年至 1913 年召开的有关会议之纪要。

文件-3
（1）题名：East China Union Medical College: The Medical Department of the University of Nanking
（2）时间：1913 年
（3）语言：英语
（4）提要：该文件是对华东联合医学院（金陵大学医科）历史、师资、课程等内容的介绍。

文件-4
(1) 题名：*The University of Nanking：Medical School*
(2) 时间：1914 年
(3) 语言：英语、中文
(4) 提要：该文件是对金大医科概况、课程、入学要求等内容的中英文介绍。

案卷号 RG011-201-3443

文件-1
(1) 题名：*Meeting of Medical Faculty*
(2) 时间：1915—1917 年
(3) 语言：英语
(4) 提要：该文件是 1915 年至 1917 年金陵大学医务工作者的会议纪要，另含金陵大学医院事务、公共卫生事务、金陵大学医学教育以及海外有关人员与金陵大学的往来通信。

文件-2
(1) 题名：*Minutes of a Meeting of Representatives of the East China Medical Association*
(2) 时间：1910 年
(3) 语言：英语
(4) 提要：该文件是 1910 年 5 月 17 日在上海召开的华东地区医学会议之纪要。

案卷号 RG011-201-3444

文件-1
(1) 题名：*The University of Nanking Bulletin, Department of Missionary Training Announcements 1911—1912, 1914—1915, 1918—1919, 1919—1920, 1920—1921, 1921—1922, 1923—1924, 1925—1926*
(2) 时间：1912—1926 年

(3) 语言：英语

(4) 提要：该系列文件是《金陵大学公报》中传教士培训学校专号，是对该校课程、入学条件、学费等内容的介绍。

文件-2
(1) 题名：*Report of the President Regarding the Missionary Training Department*

(2) 时间：1913 年

(3) 语言：英语

(4) 提要：该文件讲述了金陵大学传教士培训学校的设置背景、课程、学费等内容。

文件-3
(1) 题名：北美教会与金大就基督教教育往来通信

(2) 时间：1919—1926 年

(3) 语言：英语

(4) 提要：该文件包含北美长老会、浸礼会、基督教会于1919年至1926年间与金陵大学有关人员就基督教教育的往来通信，另含金大传教士培训学校统计报告。

案卷号 RG011-202-3445

文件-1
(1) 题名：*Minutes of Annual Meeting of the Board of Managers of the Nanking Theological Seminary*

(2) 时间：1923—1937 年

(3) 语言：英语、中文

(4) 提要：该文件是金陵神学院董事会 1923 年至 1937 年的年会纪要，另含年度报告。

文件-2
(1) 题名：金陵神学院董事会年会记录

(2) 时间：1928—1934 年

（3）语言：中文

（4）提要：该文件是金陵神学院董事会1928年至1934年的年会中文纪要，另含年度报告。

案卷号 RG011-202-3446

文件-1
（1）题名：Catalogue of the Nanking Theological Seminary

（2）时间：1916—1943年

（3）语言：英语、中文

（4）提要：该文件是上海长老会出版社定期出版的《金陵神学院录》，内容主要是对金陵神学院的介绍，包括师生姓名、课程、章程等，另含大量师生活动照片及学生学位照片。

文件-2
（1）题名：金陵神学院录

（2）时间：1929年

（3）语言：中文

（4）提要：该文件是1929年出版的《金陵神学院录》中文版，主要是对金陵神学院概况、师生、教学等的介绍。

案卷号 RG011-202-3447

文件-1
（1）题名：Minutes of the Board of Directors of the Presbyterian Union Theological Seminary of Central China

（2）时间：1904—1907年

（3）语言：英语

（4）提要：该文件是南京长老会神学院董事会1904年至1907年召开的会议之纪要。

文件-2　　（1）题名：*Catalogue of the Nanking Bible Training School and Affiliated Schools of Theology*

（2）时间：1912 年

（3）语言：英语

（4）提要：该文件是金陵神学院 1912 年的介绍，包括学校概况、课程、学生名单等内容。

文件-3　　（1）题名：*Report of the Faculty of the Nanking Theological Seminary*

（2）时间：1923—1924 年

（3）语言：英语

（4）提要：该文件是金陵神学院 1923 年至 1925 年撰写的学校概况报告。

文件-4　　（1）题名：*The Great Migration and the Church in West China: Report of a Survey Made Under the Auspices of the Nanking Theological Seminary and The National Christian Council of China*

（2）时间：1940 年

（3）语言：英语

（4）提要：该文件是金陵神学院与中国基督教协会对中国教会因抗日战争而西迁的调查报告。

案卷号 RG011-202-3449

文件-1　　（1）题名：*Bulletin of the University of Nanking: Annual Report of the University Hospital*

（2）时间：1917—1922 年

（3）语言：英语

(4) 提要：该文件是金陵大学医院1917年至1922年连续六年的年度报告，内容包括金大医院概况、人员、财务等信息，另含金大医院建筑、人员等照片。

案卷号 RG011-202-3450

文件-1
(1) 题名：University of Nanking Bulletin: University Hospital Annual Report
(2) 时间：1923—1925年
(3) 语言：英语
(4) 提要：该文件是金陵大学医院1923年至1925年的年度报告，内容包括金大医院概况、人员、财务等信息，另含金大医院建筑、人员等照片。

案卷号 RG011-202-3451

文件-1
(1) 题名：University of Nanking Bulletin: University Hospital Report
(2) 时间：1928—1940年
(3) 语言：英语、中文
(4) 提要：该文件是金陵大学医院1928年8月至1934年6月、1936年7月至1936年6月以及1940年的情况报告，内容包括金大医院概况、人员、财务、研究等信息，其中中国医护人员名字除用英语外还标注中文，另含医院环境、职员肖像、工作场景等照片。

案卷号 RG011-202-3452

文件-1
- （1）题名：Minutes of Hospital Committee
- （2）时间：1918—1922 年
- （3）语言：英语
- （4）提要：该文件是金大医院委员会 1918 年至 1922 年间部分会议的纪要。

文件-2
- （1）题名：Report of the Hospital Committee
- （2）时间：1919—1938 年
- （3）语言：英语
- （4）提要：该文件是金大医院委员会 1919 年至 1938 年间关于金大医院发展、财务状况等的有关报告。

文件-3
- （1）题名：Dentistry in China
- （2）作者：David S. K. Dai
- （3）时间：1945 年
- （4）语言：英语
- （5）提要：该文件是关于中国牙科发展状况的一份报告。

案卷号 RG011-202-3453

文件-1
- （1）题名：Information Relative to Christian Character of Staff and Student
- （2）时间：1912—1930 年
- （3）语言：英语
- （4）提要：该文件是 1912 年至 1930 年间金大教职员、学生中有关基督教活动的报告及对信教人数等信息的统计。

案卷号 RG011-202-3454

文件-1
(1) 题名：杂件（*Miscellaneous*）
(2) 时间：1920—1944 年
(3) 语言：英语、中文
(4) 提要：该卷档案内容繁杂无序，涉及金陵大学附属中学、金陵大学文学院、中国文化研究所等多个机构，内容包括财务报告、会议记录、学生联名信、校歌、学校章程、学校课程等，大部分档案内容都有残缺。

案卷号 RG011-203-3455

文件-1
(1) 题名：*Louise Shepard Abbey* 通信
(2) 时间：1933—1934 年
(3) 语言：英语
(4) 提要：该文件是 Louise Shepard Abbey 在 1933 年至 1934 年间就金陵大学有关事务的往来通信，通信大部分为机打，部分为手写。

文件-2
(1) 题名：*Lillan F. Abbott* 通信
(2) 时间：1927 年
(3) 语言：英语
(4) 提要：该文件是 Lillan F. Abbott 在 1927 年间就金陵大学有关事务的往来通信，通信部分为机打，部分为手写。

文件-3
(1) 题名：*Clarence E. Akerstrom* 通信
(2) 时间：1921—1924 年
(3) 语言：英语
(4) 提要：该文件是 Clarence E. Akerstrom 在 1921 年至 1924 年间

就金陵大学有关事务的往来通信，通信部分为机打，部分为手写。

案卷号 RG011-203-3456

文件-1
（1）题名：*Major George P. Ahern* 通信
（2）时间：1915—1919 年
（3）语言：英语
（4）提要：该文件是 Major George P. Ahern 在 1915 年至 1919 年间的有关通信，通信部分为机打，部分为手写。

文件-2
（1）题名：*Algar* 通信
（2）时间：1911 年
（3）语言：英语
（4）提要：该文件是 Algar 在 1911 年间的有关通信，通信内容为机打。

文件-3
（1）题名：*Dudley P. Allen* 通信
（2）时间：1912—1914 年
（3）语言：英语
（4）提要：该文件是 Dudley P. Allen 在 1912 年至 1914 年间就金陵大学有关事务的往来通信，通信内容为机打。

文件-4
（1）题名：*Alumni in America* 通信
（2）时间：1921—1924 年
（3）语言：英语
（4）提要：该文件是金大在美校友 1921 年至 1924 年间就金陵大学有关事务的往来通信，通信部分为机打，部分为手写。

案卷号 RG011-203-3457

文件-1
(1) 题名：American Baptist Foreign Mission Society 通信
(2) 时间：1912—1914 年
(3) 语言：英语
(4) 提要：该文件是美国浸信会外国传教委员会及有关人员 1912 年至 1914 年间就金陵大学有关事务的往来通信，通信内容为机打。

案卷号 RG011-203-3458

文件-1
(1) 题名：American Baptist Foreign Mission Society 通信
(2) 时间：1915—1917 年
(3) 语言：英语
(4) 提要：该文件是美国浸信会外国传教委员会及有关人员 1915 年至 1917 年间就金陵大学有关事务的往来通信，通信内容为机打。

案卷号 RG011-203-3459

文件-1
(1) 题名：American Baptist Foreign Mission Society 通信
(2) 时间：1918—1921 年
(3) 语言：英语
(4) 提要：该文件是美国浸信会外国传教委员会及有关人员 1918 年至 1921 年间就金陵大学有关事务的往来通信，通信内容为机打。

案卷号 RG011-203-3460

文件-1
（1）题名：American Baptist Foreign Mission Society 通信
（2）时间：1922—1923 年
（3）语言：英语
（4）提要：该文件是美国浸信会外国传教委员会及有关人员1922年至1923年间就金陵大学有关事务的往来通信，通信除签名手写外，正文内容都为机打。

案卷号 RG011-203-3461

文件-1
（1）题名：American Baptist Foreign Mission Society 通信
（2）时间：1924—1927 年
（3）语言：英语
（4）提要：该文件是美国浸信会外国传教委员会及有关人员1924年至1927年间就金陵大学有关事务的往来通信，通信内容为机打。

案卷号 RG011-203-3462

文件-1
（1）题名：American Baptist Foreign Mission Society 通信
（2）时间：1928 年
（3）语言：英语
（4）提要：该文件是美国浸信会外国传教委员会及有关人员1928年就金陵大学有关事务的往来通信，通信内容为机打。

案卷号 RG011-203-3463

文件-1
（1）题名：American Baptist Foreign Mission Society 通信
（2）时间：1929—1931 年
（3）语言：英语
（4）提要：该文件是美国浸信会外国传教委员会及有关人员 1929 年至 1931 年间就金陵大学有关事务的往来通信，通信内容为机打。

案卷号 RG011-203-3464

文件-1
（1）题名：American Baptist Foreign Mission Society 通信
（2）时间：1932—1937 年
（3）语言：英语
（4）提要：该文件是美国浸信会外国传教委员会及有关人员 1932 年至 1937 年间就金陵大学有关事务的往来通信，通信内容为机打。

案卷号 RG011-203-3465

文件-1
（1）题名：American Baptist Foreign Mission Society 通信
（2）时间：1938—1944 年
（3）语言：英语
（4）提要：该文件是美国浸信会外国传教委员会及有关人员 1938 年至 1944 年间就金陵大学有关事务的往来通信，大部分通信为机打，少部分为手写。

案卷号 RG011-203-3466

文件-1 （1）题名：American Board of Commissioners for Foreign Missions 通信
　　　　　（2）时间：1919—1932 年
　　　　　（3）语言：英语
　　　　　（4）提要：该文件是美国公理会海外传教委员会有关人员 1919 年至 1932 年间就金陵大学有关事务的往来通信，通信除签名手写外，正文内容都为机打。

案卷号 RG011-203-3467

文件-1 （1）题名：American Board of Commissioners for Foreign Missions 通信
　　　　　（2）时间：1933—1937 年
　　　　　（3）语言：英语
　　　　　（4）提要：该文件是美国公理会海外传教委员会有关人员 1933 年至 1937 年间就金陵大学有关事务的往来通信，通信内容为机打。

案卷号 RG011-203-3468

文件-1 （1）题名：American Board of Commissioners for Foreign Missions 通信
　　　　　（2）时间：1938—1945 年
　　　　　（3）语言：英语
　　　　　（4）提要：该文件是美国公理会海外传教委员会有关人员 1938 年至 1945 年间就金陵大学有关事务的往来通信，大部分通信为机打，少部分为手写。

案卷号 *RG011-203-3469*

文件-1
(1) 题名：*Hilda M. Anderson* 通信
(2) 时间：1931—1942 年
(3) 语言：英语
(4) 提要：该文件是 Hilda M. Anderson 在 1931 年至 1942 年间就金陵大学有关事务的往来通信，通信内容为机打。

案卷号 *RG011-203-3470*

文件-1
(1) 题名：*Margaret Arms* 通信
(2) 时间：1935—1938 年
(3) 语言：英语
(4) 提要：该文件是 Margaret Arms 在 1935 年至 1938 年间就金陵大学有关事务的往来通信，部分通信为机打，部分为手写。

文件-2
(1) 题名：*C. A. Evans* 通信
(2) 时间：1932 年
(3) 语言：英语
(4) 提要：该文件是 C. A. Evans 在 1932 年间就金陵大学有关事务的往来通信，部分通信为机打，部分为手写。

文件-3
(1) 题名：*Julean Arnold* 通信
(2) 时间：1918 年
(3) 语言：英语
(4) 提要：该文件是 1918 年 3 月 1 日 Julean Arnold 与 J. E. Williams 的通信，部分通信为机打，部分为手写。

案卷号 RG011-203-3471

文件-1
（1）题名：*Effie D. W. Bailie* 通信
（2）时间：1936—1938 年
（3）语言：英语
（4）提要：该文件是 Effie D. W. Bailie 在 1936 年至 1938 年间就金陵大学有关事务的往来通信，通信内容都为手写。

案卷号 RG011-203-3472

文件-1
（1）题名：裴义理通信
（2）时间：1912—1913 年
（3）语言：英语
（4）提要：该文件是金陵大学教师裴义理 1912 年至 1913 年 6 月间的往来通信，部分通信为机打，部分为手写。

案卷号 RG011-204-3473

文件-1
（1）题名：裴义理通信
（2）时间：1913 年
（3）语言：英语
（4）提要：该文件是金陵大学教师裴义理 1913 年 7 月至 12 月间的往来通信，通信内容都为机打。

案卷号 RG011-204-3474

文件-1
（1）题名：裴义理通信
（2）时间：1914 年
（3）语言：英语

(4) 提要：该文件是金陵大学教师裴义理 1914 年 1 月至 6 月间的往来通信，通信内容都为机打。

案卷号 RG011-204-3475

文件-1
(1) 题名：裴义理通信
(2) 时间：1914 年
(3) 语言：英语
(4) 提要：该文件是金陵大学教师裴义理 1914 年 7 月至 12 月间的往来通信，大部分通信为机打，少部分为手写。

案卷号 RG011-204-3476

文件-1
(1) 题名：裴义理通信
(2) 时间：1915 年
(3) 语言：英语
(4) 提要：该文件是金陵大学教师裴义理 1915 年间的往来通信，部分通信为机打，部分为手写。

案卷号 RG011-204-3477

文件-1
(1) 题名：裴义理通信
(2) 时间：1916 年
(3) 语言：英语
(4) 提要：该文件是金陵大学教师裴义理 1916 年 2 月至 4 月间的往来通信，大部分通信为手写，少部分为机打。

案卷号 RG011-204-3478

文件-1
（1）题名：裴义理通信
（2）时间：1916年
（3）语言：英语
（4）提要：该文件是金陵大学教师裴义理1916年5月至10月间的往来通信，大部分通信为机打，少部分为手写。

案卷号 RG011-204-3479

文件-1
（1）题名：裴义理通信
（2）时间：1918—1919年
（3）语言：英语
（4）提要：该文件是金陵大学教师裴义理1918年至1919年间的往来通信，部分通信为机打，部分为手写。

案卷号 RG011-204-3480

文件-1
（1）题名：裴义理通信
（2）时间：1920—1930年
（3）语言：英语
（4）提要：该文件是金陵大学教师裴义理1920年至1930年间的往来通信，部分通信为机打，部分为手写。

案卷号 RG011-204-3481

文件-1
（1）题名：裴义理通信
（2）时间：1932—1935年
（3）语言：英语

(4) 提要：该文件是金陵大学教师裴义理 1932 年至 1935 年间的往来通信，通信内容都为机打。

案卷号 RG011-204-3482

文件-1　　(1) 题名：*Maul J. Baldwin* 通信

(2) 时间：1913 年

(3) 语言：英语

(4) 提要：该文件是 Maul J. Baldwin 在 1913 年间就金陵大学有关事务的往来通信，通信内容都为机打。

文件-2　　(1) 题名：*B. A. Cariside* 通信

(2) 时间：1938—1945 年

(3) 语言：英语

(4) 提要：该文件是 B. A. Cariside 在 1938 年至 1945 年间就金陵大学有关事务的往来通信，通信内容都为机打。

文件-3　　(1) 题名：*Joab H. Banton* 通信

(2) 时间：1911—1935 年

(3) 语言：英语

(4) 提要：该文件是 Joab H. Banton 在 1911 年至 1935 年间就金陵大学有关事务的往来通信，通信内容都为机打。

文件-4　　(1) 题名：*Homer G. Bao* 通信

(2) 时间：1936 年

(3) 语言：英语

(4) 提要：该文件是 Homer G. Bao 在 1936 年间就金陵大学有关事务的往来通信，通信内容都为机打。

案卷号 RG011-204-3483

文件-1
- （1）题名：*James L. Barton* 通信
- （2）时间：1915—1916 年
- （3）语言：英语
- （4）提要：该文件是 James L. Barton 在 1915 年至 1916 年间就金陵大学有关事务的往来通信，通信内容都为机打。

文件-2
- （1）题名：*Bishop James W. Bashford* 通信
- （2）时间：1910—1914 年
- （3）语言：英语
- （4）提要：该文件是 Bishop James W. Bashford 在 1910 年至 1914 年间就金陵大学有关事务的往来通信，通信内容都为机打。

案卷号 RG011-204-3484

文件-1
- （1）题名：贝德士通信
- （2）时间：1927—1935 年
- （3）语言：英语
- （4）提要：该文件是金大教师贝德士 1927 年至 1935 年间的有关通信，大部分为机打，少部分为手写。

案卷号 RG011-204-3485

文件-1
- （1）题名：贝德士通信
- （2）时间：1936—1938 年
- （3）语言：英语
- （4）提要：该文件是金大教师贝德士 1936 年至 1938 年间的有关通信，通信内容都为机打。

案卷号 RG011-204-3486

文件-1
(1) 题名：贝德士通信
(2) 时间：1938 年
(3) 语言：英语
(4) 提要：该文件是金大教师贝德士1938年间的有关通信，通信内容都为机打。

案卷号 RG011-204-3487

文件-1
(1) 题名：贝德士通信
(2) 时间：1939—1941 年
(3) 语言：英语
(4) 提要：该文件是金大教师贝德士1939年至1941年间的有关通信，大部分通信为机打，少部分为手写。

案卷号 RG011-204-3488

文件-1
(1) 题名：贝德士通信
(2) 时间：1942—1945 年
(3) 语言：英语
(4) 提要：该文件是金大教师贝德士1942年至1945年间的有关通信，大部分通信为机打，少部分为手写。

案卷号 RG011-205-3489

文件-1
(1) 题名：*Grace Baner* 通信
(2) 时间：1919—1927 年
(3) 语言：英语

（4）提要：该文件是 Grace Baner 在 1919 年至 1927 年间就金陵大学有关事务的往来通信，大部分通信为机打，少部分为手写。

案卷号 RG011-205-3490

文件-1
（1）题名：*Grace Baner* 通信
（2）时间：1928—1930 年
（3）语言：英语
（4）提要：该文件是 Grace Baner 在 1928 年至 1930 年间就金陵大学有关事务的往来通信，通信内容都为机打。

案卷号 RG011-205-3491

文件-1
（1）题名：*Grace Baner* 通信
（2）时间：1935—1937 年
（3）语言：英语
（4）提要：该文件是 Grace Baner 在 1935 年至 1937 年间就金陵大学有关事务的往来通信，大部分通信为机打，少部分为手写。

案卷号 RG011-205-3492

文件-1
（1）题名：*Grace Baner* 通信
（2）时间：1938—1942 年
（3）语言：英语
（4）提要：该文件是 Grace Baner 在 1938 年至 1942 年间就金陵大学有关事务的往来通信，大部分通信为机打，少部分为手写。

案卷号 RG011-205-3493

文件-1
(1) 题名：*Grace Baner* 通信
(2) 时间：1943—1945 年
(3) 语言：英语
(4) 提要：该文件是 Grace Baner 在 1943 年至 1945 年间就金陵大学有关事务的往来通信，大部分通信为机打，少部分为手写。

案卷号 RG011-205-3494

文件-1
(1) 题名：*Harlan B. Beach* 通信
(2) 时间：1918 年
(3) 语言：英语
(4) 提要：该文件是 Harlan B. Beach 在 1918 年间就金陵大学有关事务的往来通信，通信内容为机打。

文件-2
(1) 题名：*Nolan R. Best* 通信
(2) 时间：1913 年
(3) 语言：英语
(4) 提要：该文件是 Nolan R. Best 在 1913 年间就金陵大学有关事务的往来通信，通信内容为机打。

文件-3
(1) 题名：*Charles E. Beauty* 通信
(2) 时间：1924 年
(3) 语言：英语
(4) 提要：该文件是 Charles E. Beauty 在 1924 年间就金陵大学有关事务的往来通信，通信内容为机打。

文件-4
(1) 题名：金陵女子神学院通信
(2) 时间：1922 年
(3) 语言：英语
(4) 提要：该文件是金陵女子神学院（Bible Teachers Training School for Women）1922 年间的有关通信，部分通信为机打，部分为手写。

案卷号 RG011-205-3495

文件-1
(1) 题名：*L. J. Briney* 通信
(2) 时间：1924—1929 年
(3) 语言：英语
(4) 提要：该文件是 L. J. Briney 在 1924 年至 1929 年间就金陵大学有关事务的往来通信，通信内容为机打。

文件-2
(1) 题名：*William E. Blackstone* 通信
(2) 时间：1917—1927 年
(3) 语言：英语
(4) 提要：该文件是 William E. Blackstone 在 1917 年至 1927 年间就金陵大学有关事务的往来通信，通信内容为机打。

文件-3
(1) 题名：*Anna Kathryn Blair*
(2) 时间：1924 年
(3) 语言：英语
(4) 提要：该文件是 Anna Kathryn Blair 在 1924 年间就金陵大学有关事务的往来通信，部分通信为机打，部分为手写。

案卷号 *RG011-205-3496*

文件-1
(1) 题名：波士顿大学通信
(2) 时间：1919—1924 年
(3) 语言：英语
(4) 提要：该文件是波士顿大学（Boston University）有关人员 1919 年至 1924 年间就金陵大学有关事务的往来通信，大部分通信为机打，少部分为手写。

案卷号 *RG011-205-3497*

文件-1
(1) 题名：*J. Wesley Bovyer* 通信
(2) 时间：1924—1926 年
(3) 语言：英语
(4) 提要：该文件是 J. Wesley Bovyer 在 1924 年至 1926 年间就金陵大学有关事务的往来通信，通信内容为机打。

案卷号 *RG011-205-3498*

文件-1
(1) 题名：包文通信
(2) 时间：1910—1912 年
(3) 语言：英语
(4) 提要：该文件是金陵大学校长包文 1910 年至 1912 年间的往来通信，大部分通信为机打，少部分为手写。

案卷号 *RG011-205-3499*

文件-1
(1) 题名：包文通信
(2) 时间：1913 年

（3）语言：中文

（4）提要：该文件是金陵大学校长包文 1913 年间的往来通信，大部分通信为机打，少部分为手写。

案卷号 RG011-205-3500

文件-1

（1）题名：包文通信

（2）时间：1914 年

（3）语言：英语

（4）提要：该文件是金陵大学校长包文 1914 年间的往来通信，大部分通信为机打，少部分为手写。

案卷号 RG011-205-3501

文件-1

（1）题名：包文通信

（2）时间：1915 年

（3）语言：英语

（4）提要：该文件是金陵大学校长包文 1915 年间的往来通信，通信内容都为机打。

案卷号 RG011-205-3502

文件-1

（1）题名：包文通信

（2）时间：1916 年

（3）语言：英语

（4）提要：该文件是金陵大学校长包文 1916 年间的往来通信，大部分通信为机打，少部分为手写。

案卷号 *RG011-205-3503*

文件-1
（1）题名：包文通信
（2）时间：1917—1918 年
（3）语言：英语
（4）提要：该文件是金陵大学校长包文 1917 年至 1918 年 5 月间的往来通信，大部分通信为机打，少部分为手写。

案卷号 *RG011-206-3504*

文件-1
（1）题名：包文通信
（2）时间：1918 年
（3）语言：英语
（4）提要：该文件是金陵大学校长包文 1918 年 7 月至 12 月间的往来通信，大部分通信为机打，少部分为手写。

案卷号 *RG011-206-3505*

文件-1
（1）题名：包文通信
（2）时间：1919 年
（3）语言：英语
（4）提要：该文件是金陵大学校长包文 1919 年 1 月至 4 月间的往来通信，大部分通信为机打，少部分为手写。

案卷号 *RG011-206-3506*

文件-1
（1）题名：包文通信
（2）时间：1919 年
（3）语言：英语

（4）提要：该文件是金陵大学校长包文 1919 年 5 月至 8 月间的往来通信，大部分通信为机打，少部分为手写。

案卷号 RG011-206-3507

文件-1
（1）题名：包文通信
（2）时间：1919 年
（3）语言：英语
（4）提要：该文件是金陵大学校长包文 1919 年 9 月至 12 月间的往来通信，大部分通信为机打，少部分为手写。

案卷号 RG011-206-3508

文件-1
（1）题名：包文通信
（2）时间：1920 年
（3）语言：英语
（4）提要：该文件是金陵大学校长包文 1920 年间的往来通信，部分通信为机打，部分为手写。

案卷号 RG011-206-3509

文件-1
（1）题名：包文通信
（2）时间：1921 年
（3）语言：英语
（4）提要：该文件是金陵大学校长包文 1921 年间的往来通信，通信内容都为机打。

案卷号 RG011-206-3510

文件-1
(1) 题名：包文通信
(2) 时间：1922 年
(3) 语言：英语
(4) 提要：该文件是金陵大学校长包文 1922 年 1 月至 3 月间的往来通信，大部分通信为机打，少部分为手写。

案卷号 RG011-206-3511

文件-1
(1) 题名：包文通信
(2) 时间：1922 年
(3) 语言：英语
(4) 提要：该文件是金陵大学校长包文 1922 年 4 月至 5 月间的往来通信，大部分通信为机打，少部分为手写。

案卷号 RG011-207-3512

文件-1
(1) 题名：包文通信
(2) 时间：1922 年
(3) 语言：英语
(4) 提要：该文件是金陵大学校长包文 1922 年 6 月至 7 月间的往来通信，大部分通信为机打，少部分为手写。

案卷号 RG011-207-3513

文件-1
(1) 题名：包文通信
(2) 时间：1922 年
(3) 语言：英语

(4) 提要：该文件是金陵大学校长包文 1922 年 8 月至 9 月间的往来通信，大部分通信为机打，少部分为手写。

案卷号 *RG011-207-3514*

文件-1
(1) 题名：包文通信
(2) 时间：1922 年
(3) 语言：英语
(4) 提要：该文件是金陵大学校长包文 1922 年 10 月至 11 月间的往来通信，大部分通信为机打，少部分为手写。

案卷号 *RG011-207-3515*

文件-1
(1) 题名：包文通信
(2) 时间：1922 年
(3) 语言：英语
(4) 提要：该文件是金陵大学校长包文 1922 年 12 月间的往来通信，大部分通信为机打，少部分为手写。

案卷号 *RG011-207-3516*

文件-1
(1) 题名：包文通信
(2) 时间：1923 年
(3) 语言：英语
(4) 提要：该文件是金陵大学校长包文 1923 年 1 月至 2 月间的往来通信，大部分通信为机打，少部分为手写。

案卷号 RG011-207-3517

文件-1
（1）题名：包文通信
（2）时间：1923 年
（3）语言：英语
（4）提要：该文件是金陵大学校长包文 1923 年 3 月至 4 月间的往来通信，大部分通信为机打，少部分为手写。

案卷号 RG011-207-3518

文件-1
（1）题名：包文通信
（2）时间：1923 年
（3）语言：英语
（4）提要：该文件是金陵大学校长包文 1923 年 5 月至 6 月间的往来通信，大部分通信为机打，少部分为手写。

案卷号 RG011-207-3519

文件-1
（1）题名：包文通信
（2）时间：1923 年
（3）语言：英语
（4）提要：该文件是金陵大学校长包文 1923 年 7 月至 8 月间的往来通信，大部分通信为机打，少部分为手写。

案卷号 RG011-207-3520

文件-1
（1）题名：包文通信
（2）时间：1923 年
（3）语言：英语

（4）提要：该文件是金陵大学校长包文 1923 年 9 月至 10 月间的往来通信，大部分通信为机打，少部分为手写。

案卷号 *RG011-207-3521*

文件-1

（1）题名：包文通信
（2）时间：1923 年
（3）语言：英语
（4）提要：该文件是金陵大学校长包文 1923 年 11 月至 12 月间的往来通信，通信内容都为机打。

案卷号 *RG011-207-3522*

文件-1

（1）题名：包文通信
（2）时间：1924 年
（3）语言：英语
（4）提要：该文件是金陵大学校长包文 1924 年 1 月至 6 月间的往来通信，大部分通信为机打，少部分为手写。

案卷号 *RG011-207-3523*

文件-1

（1）题名：包文通信
（2）时间：1924 年
（3）语言：英语
（4）提要：该文件是金陵大学校长包文 1924 年 7 月至 12 月间的往来通信，大部分通信为机打，少部分为手写。

案卷号 *RG011-207-3524*

文件-1
(1) 题名：包文通信
(2) 时间：1925 年
(3) 语言：英语
(4) 提要：该文件是金陵大学校长包文 1925 年 2 月至 5 月间的往来通信，通信内容都为机打。

案卷号 *RG011-207-3525*

文件-1
(1) 题名：包文通信
(2) 时间：1925 年
(3) 语言：英语
(4) 提要：该文件是金陵大学校长包文 1925 年 6 月至 12 月间的往来通信，通信内容都为机打。

案卷号 *RG011-207-3526*

文件-1
(1) 题名：包文通信
(2) 时间：1926 年
(3) 语言：英语
(4) 提要：该文件是金陵大学校长包文 1926 年间的往来通信，通信内容都为机打。

案卷号 *RG011-208-3527*

文件-1
(1) 题名：包文通信
(2) 时间：1927 年
(3) 语言：英语

(4）提要：该文件是金陵大学校长包文1927年1月至4月间的往来通信，大部分通信为机打，少部分为手写。

案卷号 RG011-208-3528

文件-1
（1）题名：包文通信
（2）时间：1927年
（3）语言：英语
（4）提要：该文件是金陵大学校长包文1927年5月至12月间的往来通信，大部分通信为机打，少部分为手写。

案卷号 RG011-208-3529

文件-1
（1）题名：包文通信
（2）时间：1928年
（3）语言：英语
（4）提要：该文件是金陵大学校长包文1928年间的往来通信，大部分通信为机打，少部分为手写。

案卷号 RG011-208-3530

文件-1
（1）题名：包文通信
（2）时间：1929年
（3）语言：英语
（4）提要：该文件是金陵大学校长包文1929年间的往来通信，大部分通信为机打，少部分为手写。

案卷号 RG011-208-3531

文件-1
(1) 题名：包文通信
(2) 时间：1930 年
(3) 语言：英语
(4) 提要：该文件是金陵大学校长包文 1930 年间的往来通信，大部分通信为机打，少部分为手写。

案卷号 RG011-208-3532

文件-1
(1) 题名：包文通信
(2) 时间：1931—1940 年
(3) 语言：英语
(4) 提要：该文件是金陵大学校长包文 1931 年至 1940 年间的往来通信，大部分通信为机打，少部分为手写。

案卷号 RG011-208-3533

文件-1
(1) 题名：*Mrs. A. J. Bowen* 通信
(2) 时间：1914—1915 年
(3) 语言：英语
(4) 提要：该文件是金大校长包文夫人（Mrs. A. J. Bowen）1914 年至 1915 年间的通信，通信大部分为手写，少部分为机打。

文件-2
(1) 题名：*Olive Bowen, Alice Bowen* 通信
(2) 时间：1927—1944 年
(3) 语言：英语
(4) 提要：该文件是包文女儿 Olive Bowen 与 Alice Bowen 在 1927 年至 1944 年间的往来通信，部分通信为机打，部分为手写。

文件-3
（1）题名：*E. M. Bowman* 通信
（2）时间：1924—1934 年
（3）语言：英语
（4）提要：该文件是 E. M. Bowman 在 1924 年至 1934 年间就金陵大学有关事务的往来通信，部分通信为机打，部分为手写。

案卷号 RG011-208-3534

文件-1
（1）题名：*Richard F. Brady* 通信
（2）时间：1932—1936 年
（3）语言：英语
（4）提要：该文件是 Richard F. Brady 在 1932 年至 1936 年间就金陵大学有关事务的往来通信，通信内容都为机打。

文件-2
（1）题名：*John A. Brashear* 通信
（2）时间：1918—1919 年
（3）语言：英语
（4）提要：该文件是 John A. Brashear 在 1918 年至 1919 年间就金陵大学有关事务的往来通信，通信内容都为机打。

文件-3
（1）题名：*Mr. and Mrs. Alexander Brede* 通信
（2）时间：1922—1929 年
（3）语言：英语
（4）提要：该文件是 Alexander Brede 夫妇 1922 年至 1929 年间就金陵大学有关事务的往来通信，通信内容都为机打。

案卷号 RG011-208-3535

文件-1
(1) 题名：*E. R. Brown* 通信
(2) 时间：1914—1919 年
(3) 语言：英语
(4) 提要：该文件是马格诺里亚石油公司（Magnolia Petroleum Company）副总裁 E. R. Brown 在 1914 年至 1919 年间就金陵大学捐赠等事务的往来通信，部分通信为机打，部分为手写。

文件-2
(1) 题名：*N. Worth Brown* 通信
(2) 时间：1916—1919 年
(3) 语言：英语
(4) 提要：该文件是 N. Worth Brown 在 1916 年至 1919 年间就金陵大学有关事务的往来通信，通信内容都为机打。

文件-3
(1) 题名：*Ruth C. Brown* 通信
(2) 时间：1923—1924 年
(3) 语言：英语
(4) 提要：该文件是 Ruth C. Brown 在 1923 年至 1924 年间就金陵大学有关事务的往来通信，通信内容都为机打。

案卷号 RG011-208-3536

文件-1
(1) 题名：*Adaline Bucher* 通信
(2) 时间：1932—1935 年
(3) 语言：英语
(4) 提要：该文件是 Adaline Bucher 在 1932 年至 1935 年间就金陵大学任职事宜的往来通信，通信内容都为机打。

案卷号 *RG011-208-3537*

文件-1
（1）题名：卜凯通信
（2）时间：1920—1924年
（3）语言：英语
（4）提要：该文件是金大教师卜凯（John Lossing Buck）1920年至1924年间的往来通信，大部分通信为机打，少部分为手写。

案卷号 *RG011-208-3538*

文件-1
（1）题名：卜凯通信
（2）时间：1925—1929年
（3）语言：英语
（4）提要：该文件是金大教师卜凯1925年至1929年间的往来通信，通信内容都为机打。

案卷号 *RG011-208-3539*

文件-1
（1）题名：卜凯通信
（2）时间：1930—1932年
（3）语言：英语
（4）提要：该文件是金大教师卜凯1930年至1932年间的往来通信，通信内容都为机打。

案卷号 *RG011-208-3540*

文件-1
（1）题名：卜凯通信
（2）时间：1933年
（3）语言：英语

（4）提要：该文件是金大教师卜凯 1933 年间的往来通信，通信内容都为机打。

案卷号 *RG011-208-3541*

文件-1　　（1）题名：卜凯通信
　　　　　　（2）时间：1934—1937 年
　　　　　　（3）语言：英语
　　　　　　（4）提要：该文件是金大教师卜凯 1934 年至 1937 年间的往来通信，大部分通信为机打，少部分为手写。

案卷号 *RG011-208-3542*

文件-1　　（1）题名：卜凯通信
　　　　　　（2）时间：1938—1943 年
　　　　　　（3）语言：英语
　　　　　　（4）提要：该文件是金大教师卜凯 1938 年至 1943 年间的往来通信，通信内容都为机打。

案卷号 *RG011-208-3543*

文件-1　　（1）题名：*A. A. Bullock* 通信
　　　　　　（2）时间：1914—1919 年
　　　　　　（3）语言：英语
　　　　　　（4）提要：该文件是 A. A. Bullock 在 1914 年至 1919 年间就金陵大学有关事务的往来通信，大部分通信为机打，少部分为手写。

案卷号 RG011-209-3544

文件-1
(1) 题 名：*Ernest D. Burton* 通信
(2) 时 间：1914—1924 年
(3) 语 言：英语
(4) 提 要：该文件是芝加哥大学 Ernest D. Burton 在 1914 年至 1924 年间就金陵大学有关事务的往来通信，大部分通信为机打，少部分为手写。

案卷号 RG011-209-3545

文件-1
(1) 题 名：*Nicholas Murray Butler* 通信
(2) 时 间：1943 年
(3) 语 言：英语
(4) 提 要：该文件是哥伦比亚大学 Nicholas Murray Butler 在 1943 年间就金陵大学有关事务的往来通信，通信内容都为机打。

文件-2
(1) 题 名：*Kenyon L. Butterfield* 通信
(2) 时 间：1922—1935 年
(3) 语 言：英语
(4) 提 要：该文件是 Kenyon L. Butterfield 在 1922 年至 1935 年间就金陵大学有关事务的往来通信，通信内容都为机打。

案卷号 RG011-209-3546

文件-1
(1) 题 名：*Leonard H. Caldwell* 通信
(2) 时 间：1927 年
(3) 语 言：英语
(4) 提 要：该文件是 Leonard H. Caldwell 在 1927 年间就金陵大学有关事务的往来通信，部分通信为机打，部分为手写。

案卷号 RG011-209-3547

文件-1　　（1）题名：*Oliver J. Caldwell* 通信
　　　　　　（2）时间：1937—1942 年
　　　　　　（3）语言：英语
　　　　　　（4）提要：该文件是 Oliver J. Caldwell 在 1937 年至 1942 年间就金陵大学有关事务的往来通信，通信内容都为机打。

案卷号 RG011-209-3548

文件-1　　（1）题名：*Samuel M. Cavert* 通信
　　　　　　（2）时间：1916—1919 年
　　　　　　（3）语言：英语
　　　　　　（4）提要：该文件是 Samuel M. Cavert 在 1916 年至 1919 年间就金陵大学有关事务的往来通信，部分通信为机打，部分为手写。

文件-2　　（1）题名：章之汶通信
　　　　　　（2）时间：1931—1945 年
　　　　　　（3）语言：英语
　　　　　　（4）提要：该文件是章之汶（C. W. Chang）1931 年至 1945 年间的有关通信，大部分通信为机打，少部分为手写。

案卷号 RG011-209-3549

文件-1　　（1）题名：*W. H. Chang* 通信
　　　　　　（2）时间：1919 年
　　　　　　（3）语言：英语
　　　　　　（4）提要：该文件是 W. H. Chang 在 1919 年间就金陵大学有关事

务的往来通信，部分通信为机打，部分为手写。

文件-2
(1) 题名：章元玮通信
(2) 时间：1935 年
(3) 语言：英语
(4) 提要：该文件是金陵大学章元玮（Y. W. Chang）1935 年间的有关通信，部分通信为机打，部分为手写。

案卷号 RG011-209-3550

文件-1
(1) 题名：*B. Burgoyne Chapman* 通信
(2) 时间：1919—1931 年
(3) 语言：英语
(4) 提要：该文件是 B. Burgoyne Chapman 在 1919 年至 1931 年间就金陵大学有关事务的往来通信，部分通信为机打，部分为手写。

案卷号 RG011-209-3551

文件-1
(1) 题名：*S. N. Cheer* 通信
(2) 时间：1918—1919 年
(3) 语言：英语
(4) 提要：该文件是 S. N. Cheer 在 1918 年至 1919 年间就金陵大学有关事务的往来通信，通信内容都为机打。

文件-2
(1) 题名：程锦章通信
(2) 时间：1921 年
(3) 语言：英语
(4) 提要：该文件是 1921 年 1 月 11 日程锦章（C. C. Chen）致芮

思娄的通信，通信内容为机打，讲述程锦章的回国计划，信后附程锦章发表的英文论文。

文件-3

(1) 题名：程淦藩通信

(2) 时间：1940—1943 年

(3) 语言：英语

(4) 提要：该文件是程淦藩（Kan-fan Chen）1940 年至 1943 年间的往来通信，大部分通信为机打，少部分为手写。

文件-4

(1) 题名：程锡康通信

(2) 时间：1937—1939 年

(3) 语言：英语

(4) 提要：该文件是程锡康（Sigurd Sih-Kong Chen）1937 年至 1939 年间就赴美学习等有关事务与金陵大学及有关人员的往来通信，部分通信为机打，部分为手写。

文件-5

(1) 题名：T. M. Chen 通信

(2) 时间：1936 年

(3) 语言：英语

(4) 提要：该文件是 1936 年 3 月 7 日 T. M. Chen 写给 C. A. Evans 申请火车票事宜，通信内容为机打。

文件-6

(1) 题名：Y. S. Chen 通信

(2) 时间：1934—1936 年

(3) 语言：英语

(4) 提要：该文件是 Y. S. Chen 1934 年 9 月 19 日、1935 年 2 月 2 日、1936 年 1 月 9 日致 B. A. Garside 的信，主要谈赴美等事宜，1934 年 9 月 19 日信件为手写，其余为机打。

案卷号 RG011-209-3552

文件-1　　（1）题名：陈裕光通信
　　　　　　（2）时间：1916—1927 年
　　　　　　（3）语言：英语
　　　　　　（4）提要：该文件是陈裕光（Yu Gwan Chen/Y. G. Chen）1916 年至 1927 年间的往来通信，部分通信为机打，部分为手写。

案卷号 RG011-209-3553

文件-1　　（1）题名：陈裕光通信
　　　　　　（2）时间：1928 年
　　　　　　（3）语言：英语
　　　　　　（4）提要：该文件是陈裕光 1928 年 1 月至 7 月间的往来通信，大部分通信为机打，少部分为手写。

案卷号 RG011-209-3554

文件-1　　（1）题名：陈裕光通信
　　　　　　（2）时间：1928 年
　　　　　　（3）语言：英语
　　　　　　（4）提要：该文件是陈裕光 1928 年 8 月至 12 月间的往来通信，通信都为机打。

案卷号 RG011-209-3555

文件-1　　（1）题名：陈裕光通信
　　　　　　（2）时间：1929 年
　　　　　　（3）语言：英语

(4) 提要：该文件是陈裕光 1929 年间的往来通信，通信都为机打。

案卷号 RG011-209-3556

文件-1
(1) 题名：陈裕光通信
(2) 时间：1930 年
(3) 语言：英语
(4) 提要：该文件是陈裕光 1930 年 1 月至 6 月间的往来通信，通信都为机打。

案卷号 RG011-209-3557

文件-1
(1) 题名：陈裕光通信
(2) 时间：1930 年
(3) 语言：英语
(4) 提要：该文件是陈裕光 1930 年 7 月至 12 月间的往来通信，通信都为机打。

案卷号 RG011-209-3558

文件-1
(1) 题名：陈裕光通信
(2) 时间：1931 年
(3) 语言：英语
(4) 提要：该文件是陈裕光 1931 年 1 月至 5 月间的往来通信，通信都为机打。

案卷号 *RG011-209-3559*

文件-1
（1）题名：陈裕光通信
（2）时间：1931 年
（3）语言：英语
（4）提要：该文件是陈裕光 1931 年 6 月至 11 月间的往来通信，通信都为机打。

案卷号 *RG011-210-3560*

文件-1
（1）题名：陈裕光通信
（2）时间：1932 年
（3）语言：英语
（4）提要：该文件是陈裕光 1932 年 1 月至 5 月间的往来通信，通信都为机打。

案卷号 *RG011-210-3561*

文件-1
（1）题名：陈裕光通信
（2）时间：1932 年
（3）语言：英语
（4）提要：该文件是陈裕光 1932 年 6 月至 12 月间的往来通信，通信都为机打。

案卷号 *RG011-210-3562*

文件-1
（1）题名：陈裕光通信
（2）时间：1933 年
（3）语言：英语

(4) 提要：该文件是陈裕光 1933 年间的往来通信，通信都为机打。

案卷号 RG011-210-3563

文件-1
(1) 题名：陈裕光通信
(2) 时间：1934 年
(3) 语言：英语
(4) 提要：该文件是陈裕光 1934 年 1 月至 6 月间的往来通信，通信都为机打。

案卷号 RG011-210-3564

文件-1
(1) 题名：陈裕光通信
(2) 时间：1934 年
(3) 语言：英语
(4) 提要：该文件是陈裕光 1934 年 7 月至 12 月间的往来通信，通信都为机打。

案卷号 RG011-210-3565

文件-1
(1) 题名：陈裕光通信
(2) 时间：1935 年
(3) 语言：英语
(4) 提要：该文件是陈裕光 1935 年 1 月至 6 月间的往来通信，通信都为机打。

案卷号 *RG011-210-3566*

文件-1
（1）题名：陈裕光通信
（2）时间：1935 年
（3）语言：英语
（4）提要：该文件是陈裕光 1935 年 7 月至 12 月间的往来通信，通信都为机打。

案卷号 *RG011-210-3567*

文件-1
（1）题名：陈裕光通信
（2）时间：1936 年
（3）语言：英语
（4）提要：该文件是陈裕光 1936 年 1 月至 5 月间的往来通信，通信都为机打。

案卷号 *RG011-210-3568*

文件-1
（1）题名：陈裕光通信
（2）时间：1936 年
（3）语言：英语
（4）提要：该文件是陈裕光 1936 年 6 月至 12 月间的往来通信，大部分通信为机打，少部分为手写。

案卷号 *RG011-210-3569*

文件-1
（1）题名：陈裕光通信
（2）时间：1937 年
（3）语言：英语

(4）提要：该文件是陈裕光 1937 年 1 月至 5 月间的往来通信，通信都为机打。

案卷号 RG011-210-3570

文件-1
（1）题名：陈裕光通信
（2）时间：1937 年
（3）语言：英语
（4）提要：该文件是陈裕光 1937 年 6 月至 12 月间的往来通信，通信都为机打。

案卷号 RG011-210-3571

文件-1
（1）题名：陈裕光通信
（2）时间：1938 年
（3）语言：英语
（4）提要：该文件是陈裕光 1938 年 1 月至 5 月间的往来通信，通信都为机打。

案卷号 RG011-210-3572

文件-1
（1）题名：陈裕光通信
（2）时间：1938 年
（3）语言：英语
（4）提要：该文件是陈裕光 1937 年 6 月至 12 月间的往来通信，通信都为机打。

案卷号 RG011-210-3573

文件-1
(1) 题名：陈裕光通信
(2) 时间：1939 年
(3) 语言：英语
(4) 提要：该文件是陈裕光 1939 年 1 月至 5 月间的往来通信，通信都为机打。

案卷号 RG011-210-3574

文件-1
(1) 题名：陈裕光通信
(2) 时间：1939 年
(3) 语言：英语
(4) 提要：该文件是陈裕光 1939 年 6 月至 12 月间的往来通信，通信都为机打。

案卷号 RG011-210-3575

文件-1
(1) 题名：陈裕光通信
(2) 时间：1940 年
(3) 语言：英语
(4) 提要：该文件是陈裕光 1940 年 1 月至 6 月间的往来通信，通信都为机打。

案卷号 RG011-211-3576

文件-1
(1) 题名：陈裕光通信
(2) 时间：1940 年
(3) 语言：英语

(4) 提要：该文件是陈裕光 1940 年 8 月至 12 月间的往来通信，通信都为机打。

案卷号 RG011-211-3577

文件-1
(1) 题名：陈裕光通信
(2) 时间：1941 年
(3) 语言：英语
(4) 提要：该文件是陈裕光 1941 年间的往来通信，通信都为机打。

案卷号 RG011-211-3578

文件-1
(1) 题名：陈裕光通信
(2) 时间：1942 年
(3) 语言：英语
(4) 提要：该文件是陈裕光 1942 年间的往来通信，通信都为机打。

案卷号 RG011-211-3579

文件-1
(1) 题名：陈裕光通信
(2) 时间：1943 年
(3) 语言：英语
(4) 提要：该文件是陈裕光 1943 年间的往来通信，通信都为机打。

案卷号 *RG011-211-3580*

文件-1
（1）题名：陈裕光通信
（2）时间：1944 年
（3）语言：英语
（4）提要：该文件是陈裕光 1944 年间的往来通信，大部分通信为机打，少部分为手写。

案卷号 *RG011-211-3581*

文件-1
（1）题名：陈裕光通信
（2）时间：1945 年
（3）语言：英语
（4）提要：该文件是陈裕光 1945 年间的往来通信，大部分通信为机打，少部分为手写。

案卷号 *RG011-211-3582*

文件-1
（1）题名：*Cheo Kwoh-hwa* 通信
（2）时间：1936 年
（3）语言：英语
（4）提要：该文件是 1936 年 3 月 16 日 Cheo Kwoh-hwa 致 B. A. Garside 的信，内容为手写。

文件-2
（1）题名：*C. Y. Chiao* 通信
（2）时间：1936 年
（3）语言：英语
（4）提要：该文件是 1936 年 6 月 11 日 C. Y. Chiao 致 B. A. Garside 的信，内容为机打，谈申请路费等问题。

案卷号 RG011-211-3583

文件-1
（1）题名：中国救荒基金委员会通信
（2）时间：1921—1941 年
（3）语言：英语
（4）提要：该文件是中国救荒基金委员会（China Famine Fund Committee）1921 年至 1941 年间有关经费补助等事宜与金陵大学有关人员的往来通信，通信都为机打。

案卷号 RG011-211-3584

文件-1
（1）题名：中国医学委员会通信
（2）时间：1915—1916 年
（3）语言：英语
（4）提要：该文件是洛克菲勒基金会下属中国医学委员会（China Medical Board）1915 年至 1916 年间就金陵大学等有关事务往来的通信，大部分通信为机打，少部分为手写。

案卷号 RG011-211-3585

文件-1
（1）题名：中国医学委员会通信
（2）时间：1917 年
（3）语言：英语
（4）提要：该文件是洛克菲勒基金会下属中国医学委员会 1917 年间就金陵大学有关事务的往来通信，通信都为机打。

案卷号 *RG011-211-3586*

文件-1
（1）题名：中国医学委员会通信
（2）时间：1918—1919 年
（3）语言：英语
（4）提要：该文件是洛克菲勒基金会下属中国医学委员会 1918 年至 1919 年间就金陵大学有关事务的往来通信，通信都为机打。

案卷号 *RG011-211-3587*

文件-1
（1）题名：中国医学委员会通信
（2）时间：1920 年
（3）语言：英语
（4）提要：该文件是洛克菲勒基金会下属中国医学委员会 1920 年间就金陵大学有关事务的往来通信，大部分通信为机打，少部分为手写。

案卷号 *RG011-211-3588*

文件-1
（1）题名：中国医学委员会通信
（2）时间：1921 年
（3）语言：英语
（4）提要：该文件是洛克菲勒基金会下属中国医学委员会 1921 年间就金陵大学有关事务的往来通信，通信都为机打。

案卷号 *RG011-211-3589*

文件-1
- （1）题名：中国医学委员会通信
- （2）时间：1922年
- （3）语言：英语
- （4）提要：该文件是洛克菲勒基金会下属中国医学委员会1922年间就金陵大学有关事务的往来通信，大部分通信为机打，少部分为手写。

案卷号 *RG011-211-3590*

文件-1
- （1）题名：中国医学委员会通信
- （2）时间：1923年
- （3）语言：英语
- （4）提要：该文件是洛克菲勒基金会下属中国医学委员会1923年间就金陵大学有关事务的往来通信，大部分通信为机打，少部分为手写。

案卷号 *RG011-211-3591*

文件-1
- （1）题名：中国医学委员会通信
- （2）时间：1924年
- （3）语言：英语
- （4）提要：该文件是洛克菲勒基金会下属中国医学委员会1924年间就金陵大学有关事务的往来通信，通信都为机打。

案卷号 RG011-211-3592

文件-1　　（1）题名：中国医学委员会通信
　　　　　　（2）时间：1925年
　　　　　　（3）语言：英语
　　　　　　（4）提要：该文件是洛克菲勒基金会下属中国医学委员会1925年间就金陵大学有关事务的往来通信，通信都为机打。

案卷号 RG011-211-3593

文件-1　　（1）题名：中国医学委员会通信
　　　　　　（2）时间：1926—1927年
　　　　　　（3）语言：英语
　　　　　　（4）提要：该文件是洛克菲勒基金会下属中国医学委员会1926年至1927年间就金陵大学有关事务的往来通信，通信都为机打。

案卷号 RG011-212-3594

文件-1　　（1）题名：*Chow Ming I.* 通信
　　　　　　（2）时间：1930年
　　　　　　（3）语言：英语
　　　　　　（4）提要：该文件是1930年5月21日 Chow Ming I. 致金陵大学芮思娄的信，谈农业推广事宜，通信为机打。

文件-2　　（1）题名：*Philip S. Y. Chu* 通信
　　　　　　（2）时间：1927年
　　　　　　（3）语言：英语
　　　　　　（4）提要：该文件是1927年4月30日 Philip S. Y. Chu 致包文的信件（信件为手写）以及1927年6月2日包文的回信（信件为机打），主要谈工作任期事宜。

文件-3 　　（1）题名：朱永昌通信

　　　　　（2）时间：1941—1942 年

　　　　　（3）语言：英语

　　　　　（4）提要：该文件是金大职员朱永昌（Chu Yong-chang）1941 年至 1942 年间的往来通信，通信都为机打。

案卷号 RG011-212-3595

文件-1 　　（1）题名：克乃文通信

　　　　　（2）时间：1913—1919 年

　　　　　（3）语言：英语

　　　　　（4）提要：该文件是金陵大学图书馆馆长克乃文（Harry Clemons）1913 年至 1919 年间的有关通信，部分通信为机打，部分为手写。

案卷号 RG011-212-3596

文件-1 　　（1）题名：克乃文通信

　　　　　（2）时间：1921—1928 年

　　　　　（3）语言：英语

　　　　　（4）提要：该文件是金陵大学图书馆馆长克乃文 1921 年至 1928 年间的有关通信，部分通信为机打，部分为手写。

案卷号 RG011-212-3597

文件-1 　　（1）题名：*James B. Cochran* 通信

　　　　　（2）时间：1916—1919 年

　　　　　（3）语言：英语

　　　　　（4）提要：该文件是 James B. Cochran 在 1916 年至 1919 年间就

金陵大学有关事务的往来通信，部分通信为机打，部分为手写。

文件-2
（1）题名：寇克伦通信
（2）时间：1914—1924年
（3）语言：英语
（4）提要：该文件是寇克伦（Samuel Cochran）就金陵大学有关事务的往来通信，部分通信为机打，部分为手写。

案卷号 RG011-212-3598

文件-1
（1）题名：文怀恩通信
（2）时间：1922—1924年
（3）语言：英语
（4）提要：该文件是金陵大学教师文怀恩1922年至1924年间就金陵大学有关事务的往来通信，大部分通信为机打，少部分为手写。

案卷号 RG011-212-3599

文件-1
（1）题名：康奈尔大学通信
（2）时间：1920—1923年
（3）语言：英语
（4）提要：该文件是康奈尔大学（Cornell University）有关人员1920年至1923年间就与金陵大学合作等事宜的往来通信，大部分通信为机打，少部分为手写。

案卷号 *RG011-212-3600*

文件-1
(1) 题名：康奈尔大学通信
(2) 时间：1924—1932 年
(3) 语言：英语
(4) 提要：该文件是康奈尔大学有关人员 1924 年至 1932 年间就与金陵大学合作等事宜的往来通信，通信都为机打。

案卷号 *RG011-212-3601*

文件-1
(1) 题名：康奈尔大学通信
(2) 时间：1934—1940 年
(3) 语言：英语
(4) 提要：该文件是康奈尔大学有关人员 1934 年至 1940 年间就与金陵大学合作等事宜的往来通信，大部分通信为机打，少部分为手写。

案卷号 *RG011-212-3602*

文件-1
(1) 题名：*Charles W. Coulter* 通信
(2) 时间：1921—1927 年
(3) 语言：英语
(4) 提要：该文件是西储大学（Western Reserve University）教授 Charles W. Coulter 在 1921 年至 1927 年间与金陵大学有关人员的往来通信，大部分通信为机打，少部分为手写。

文件-2
(1) 题名：*Earl H. Cressy* 通信
(2) 时间：1927—1936 年

(3) 语言：英语

(4) 提要：该文件是 Earl H. Cressy 在 1927 年至 1936 年间就金陵大学有关事务的往来通信，通信都为机打。

文件-3

(1) 题名：*W. Marshall Curtiss* 通信

(2) 时间：1937—1939 年

(3) 语言：英语

(4) 提要：该文件是康奈尔大学 W. Marshall Curtiss 在 1937 年至 1939 年间与金陵大学有关人员的往来通信，大部分通信为机打，少部分为手写。

案卷号 RG011-212-3603

文件-1

(1) 题名：谈和敦通信

(2) 时间：1919—1924 年

(3) 语言：英语

(4) 提要：该文件是金陵大学附属鼓楼医院院长谈和敦（J. Horton Daniels）1919 年至 1924 年间的往来通信，部分通信为机打，部分为手写。

案卷号 RG011-212-3604

文件-1

(1) 题名：谈和敦通信

(2) 时间：1925—1936 年

(3) 语言：英语

(4) 提要：该文件是金陵大学附属鼓楼医院院长谈和敦 1925 年至 1936 年间的往来通信，大部分通信为机打，少部分为手写。

案卷号 RG011-212-3605

文件-1 　　（1）题名：谈和敦通信
　　　　　　（2）时间：1937—1939 年
　　　　　　（3）语言：英语
　　　　　　（4）提要：该文件是金陵大学附属鼓楼医院院长谈和敦 1937 年至 1939 年间的往来通信，大部分通信为机打，少部分为手写。

案卷号 RG011-212-3606

文件-1 　　（1）题名：谈和敦通信
　　　　　　（2）时间：1940—1945 年
　　　　　　（3）语言：英语
　　　　　　（4）提要：该文件是金陵大学附属鼓楼医院院长谈和敦 1940 年至 1945 年间的往来通信，大部分通信为机打，少部分为手写。

案卷号 RG011-212-3607

文件-1 　　（1）题名：*Virginie Darcel* 通信
　　　　　　（2）时间：1927—1928 年
　　　　　　（3）语言：英语
　　　　　　（4）提要：该文件是 Virginie Darcel 在 1927 年至 1928 年间与 B. A. Garside 就有关事务的往来通信，部分通信为机打，部分为手写。

案卷号 *RG011-212-3608*

文件-1
(1) 题名：*A. M. Dickson* 通信
(2) 时间：1933—1934 年
(3) 语言：英语
(4) 提要：该文件是农业经济学家 A. M. Dickson 在 1933 年至 1934 年 2 月间与金陵大学有关人员的往来通信，大部分通信为机打，少部分为手写。

案卷号 *RG011-212-3609*

文件-1
(1) 题名：*A. M. Dickson* 通信
(2) 时间：1934—1935 年
(3) 语言：英语
(4) 提要：该文件是农业经济学家 A. M. Dickson 在 1934 年 3 月至 1935 年间与金陵大学有关人员的往来通信，通信都为机打。

案卷号 *RG011-213-3610*

文件-1
(1) 题名：张坊通信
(2) 时间：1918—1924 年
(3) 语言：英语
(4) 提要：该文件是张坊（Djang Fang）1918 年至 1924 年间与金陵大学有关人员的往来通信，通信都为机打。

文件-2
(1) 题名：*Charles E. Dorr* 通信
(2) 时间：1913—1917 年
(3) 语言：英语
(4) 提要：该文件是 Charles E. Dorr 在 1913 年至 1917 年间就金陵大学有关事务的往来通信，部分通信为机打，部分为手写。

案卷号 *RG011-213-3611*

文件-1
(1) 题名：*John F. Downey* 通信
(2) 时间：1916—1919 年
(3) 语言：英语
(4) 提要：该文件是 John F. Downey 在 1916 年至 1919 年间就金陵大学有关事务的往来通信，部分通信为机打，部分为手写。

案卷号 *RG011-213-3612*

文件-1
(1) 题名：*Leroy D. Earl* 通信
(2) 时间：1923—1927 年
(3) 语言：英语
(4) 提要：该文件是美国纽约州罗马州立学校（Rome State School）Leroy D. Earl 就金陵大学有关事务的往来通信，部分通信为机打，部分为手写。

文件-2
(1) 题名：*Philip S. Evans* 通信
(2) 时间：1914—1919 年
(3) 语言：英语
(4) 提要：该文件是金陵大学教授 Philip S. Evans 在 1914 年至 1919 年间的往来通信，部分通信为机打，部分为手写。

案卷号 *RG011-213-3613*

文件-1
(1) 题名：*Mac C. Fellows* 通信
(2) 时间：1919—1923 年
(3) 语言：英语

(4) 提要：该文件是 Mac C. Fellows 在 1919 年至 1923 年间与文怀恩的往来通信，部分通信为机打，部分为手写。

案卷号 RG011-213-3614

文件-1
(1) 题名：芳威廉通信
(2) 时间：1930—1936 年
(3) 语言：英语
(4) 提要：该文件是金陵大学教师芳威廉 1930 年至 1936 年间的往来通信，通信都为机打。

案卷号 RG011-213-3615

文件-1
(1) 题名：芳威廉通信
(2) 时间：1937—1942 年
(3) 语言：英语
(4) 提要：该文件是金陵大学教师芳威廉 1937 年至 1942 年间的往来通信，部分通信为机打，部分为手写。

案卷号 RG011-213-3616

文件-1
(1) 题名：福开森通信
(2) 时间：1919—1938 年
(3) 语言：英语
(4) 提要：该文件是福开森 1919 年至 1938 年间的往来通信，通信都为机打。

文件-2
(1) 题名：John H. Finley
(2) 时间：1916—1930 年

（3）语言：英语

（4）提要：该文件是纽约州教育专员 John H. Finley 在 1916 年至 1930 年间就金陵大学有关事务的往来通信，通信都为机打。

案卷号 RG011-213-3617

文件-1
（1）题名：外国基督教传教会通信
（2）时间：1910—1913 年
（3）语言：英语
（4）提要：该文件是外国基督教传教会（Foreign Christian Missionary Society）1910 年至 1913 年间就金陵大学有关事务的往来通信，大部分通信为机打，少部分为手写。

案卷号 RG011-213-3618

文件-1
（1）题名：外国基督教传教会通信
（2）时间：1914—1915 年
（3）语言：英语
（4）提要：该文件是外国基督教传教会 1914 年至 1915 年间就金陵大学有关事务的往来通信，通信都为机打。

案卷号 RG011-213-3619

文件-1
（1）题名：外国基督教传教会通信
（2）时间：1916—1917 年
（3）语言：英语
（4）提要：该文件是外国基督教传教会 1916 年至 1917 年间就金陵大学有关事务的往来通信，大部分通信为机打，少部分为手写。

案卷号 *RG011-213-3620*

文件-1　　（1）题名：外国基督教传教会通信
　　　　　　（2）时间：1918 年
　　　　　　（3）语言：英语
　　　　　　（4）提要：该文件是外国基督教传教会 1918 年间就金陵大学有关事务的往来通信，大部分通信为机打，少部分为手写。

案卷号 *RG011-213-3621*

文件-1　　（1）题名：外国基督教传教会通信
　　　　　　（2）时间：1919 年
　　　　　　（3）语言：英语
　　　　　　（4）提要：该文件是外国基督教传教会 1919 年间就金陵大学有关事务的往来通信，大部分通信为机打，少部分为手写。

案卷号 *RG011-213-3622*

文件-1　　（1）题名：*E. A. Franquemont* 通信
　　　　　　（2）时间：1914 年
　　　　　　（3）语言：英语
　　　　　　（4）提要：该文件是 E. A. Franquemont 在 1914 年间就金陵大学有关事务的往来通信，部分通信为机打，部分为手写。

文件-2　　（1）题名：*John R. Freeman* 通信
　　　　　　（2）时间：1917—1927 年
　　　　　　（3）语言：英语
　　　　　　（4）提要：该文件是 John R. Freeman 在 1917 年至 1927 年间就金陵大学有关事务与文怀恩等人的往来通信，大部分通信为机打，少部分为手写。

案卷号 RG011-213-3623

文件-1
  （1）题名：*D. B. Gamble* 通信
  （2）时间：1916—1919 年
  （3）语言：英语
  （4）提要：该文件是 D. B. Gamble 在 1916 年至 1919 年间就向金陵大学捐赠事宜与金陵大学有关人员的往来通信，通信都为机打。

文件-2
  （1）题名：甘路德通信
  （2）时间：1918—1923 年
  （3）语言：英语
  （4）提要：该文件是金陵神学院院长甘路德（J. C. Garritt）1918 年至 1923 年间的往来通信，部分通信为机打，部分为手写。

文件-3
  （1）题名：金陵女子大学通信
  （2）时间：1916—1919 年
  （3）语言：英语
  （4）提要：该文件是金陵女子大学（Ginling College）1916 年至 1919 年间与金陵大学有关人员的往来通信，通信都为机打。

案卷号 RG011-213-3624

文件-1
  （1）题名：*Bertha M. Gless* 通信
  （2）时间：1924—1928 年
  （3）语言：英语
  （4）提要：该文件是金陵大学职员 Bertha M. Gless 在 1924 年至 1928 年间的往来通信，通信都为机打。

案卷号 *RG011-213-3625*

文件-1
（1）题名：*John F. Goucher* 通信
（2）时间：1918—1919 年
（3）语言：英语
（4）提要：该文件是古尔彻学院（Goucher College）校长 John F. Goucher 在 1918 年至 1919 年间与金陵大学有关人员的往来通信，通信都为机打。

文件-2
（1）题名：*Alfred V. Gray* 通信
（2）时间：1919 年
（3）语言：英语
（4）提要：该文件是 Alfred V. Gray 在 1919 年间就金陵大学有关事务的往来通信，通信都为机打。

案卷号 *RG011-213-3626*

文件-1
（1）题名：*Burgoyne Griffing* 通信
（2）时间：1923—1934 年
（3）语言：英语
（4）提要：该文件是金陵大学教师 Burgoyne Griffing 在 1923 年至 1934 年间就职务聘任等事宜与金陵大学有关人员的往来通信，部分通信为机打，部分为手写。

文件-2
（1）题名：*John B. Griffing* 通信
（2）时间：1919—1929 年
（3）语言：英语
（4）提要：该文件是 John B. Griffing 在 1919 年至 1929 年间就金陵大学等事务与金大有关人员的往来通信，部分通信为机打，部分为手写。

案卷号 RG011-213-3627

文件-1
(1) 题名：霍尔基金委员会通信
(2) 时间：1924—1929 年
(3) 语言：英语
(4) 提要：该文件是美国霍尔基金委员会（The Trustees of Estate of Charles M. Hall）1924 年至 1929 年间与金陵大学有关人员的往来通信，通信都为机打。

案卷号 RG011-214-3628

文件-1
(1) 题名：*Clarence H. Hamilton* 通信
(2) 时间：1927—1931 年
(3) 语言：英语
(4) 提要：该文件是 Clarence H. Hamilton 在 1927 年至 1931 年间就金陵大学有关事务的往来通信，通信都为机打。

文件-2
(1) 题名：*Hammargren Beguest* 通信
(2) 时间：1935 年
(3) 语言：英语
(4) 提要：该文件是 Hammargren Beguest 在 1935 年间就金陵大学等事务的往来通信，通信都为机打。

案卷号 RG011-214-3629

文件-1
(1) 题名：*M. Leslie Hancock* 通信
(2) 时间：1921—1927 年
(3) 语言：英语
(4) 提要：该文件是加拿大安大略农学院（Ontario Agricultural

College) M. Leslie Hancock 在 1921 年至 1927 年间与金陵大学有关人员的往来通信，部分通信为机打，部分为手写。

案卷号 RG011-214-3630

文件-1
(1) 题名：*Estate of S. P. Harbison* 通信
(2) 时间：1922 年
(3) 语言：英语
(4) 提要：该文件是哈比森地产公司（Estate of S. P. Harbison）1922 年间就捐赠事宜与金陵大学有关人员的往来通信，通信都为机打。

文件-2
(1) 题名：*Edward S. Harkness* 通信
(2) 时间：1914—1924 年
(3) 语言：英语
(4) 提要：该文件是 Edward S. Harkness 在 1914 年至 1924 年间就捐赠等事宜与金陵大学有关人员的往来通信，通信都为机打。

文件-3
(1) 题名：*F. A. Harper* 通信
(2) 时间：1933 年
(3) 语言：英语
(4) 提要：该文件是康奈尔大学 F. A. Harper 在 1933 年间就金陵大学等事宜的往来通信，部分通信为机打，部分为手写。

案卷号 RG011-214-3631

文件-1
(1) 题名：哈佛燕京学社通信
(2) 时间：1929—1932 年

（3）语言：英语

（4）提要：该文件是哈佛燕京学社（Harvard-Yenching Institute）1929年至1932年间与金陵大学有关人员的往来通信，通信中附有金陵大学中国文化研究所年度报告，通信都为机打。

案卷号 RG011-214-3632

文件-1
（1）题名：哈佛燕京学社通信
（2）时间：1933—1935年
（3）语言：英语
（4）提要：该文件是哈佛燕京学社1933年至1935年间与金陵大学有关人员的往来通信，通信中附有金陵大学中国文化研究所年度报告，通信都为机打。

案卷号 RG011-214-3633

文件-1
（1）题名：哈佛燕京学社通信
（2）时间：1936—1937年
（3）语言：英语
（4）提要：该文件是哈佛燕京学社1936年至1937年间与金陵大学有关人员的往来通信，通信中附有金陵大学中国文化研究所年度报告，通信都为机打。

案卷号 RG011-214-3634

文件-1
（1）题名：哈佛燕京学社通信
（2）时间：1938—1942年
（3）语言：英语
（4）提要：该文件是哈佛燕京学社1938年至1942年间与金陵大

学有关人员的往来通信，通信中附有金陵大学中国文化研究所年度报告，通信都为机打。

案卷号 RG011-214-3635

文件-1
（1）题名：哈佛燕京学社通信
（2）时间：1943—1945 年
（3）语言：英语
（4）提要：该文件是哈佛燕京学社 1943 年至 1945 年间与金陵大学有关人员的往来通信，通信中附有金陵大学中国文化研究所年度报告，通信都为机打。

案卷号 RG011-214-3636

文件-1
（1）题名：*Herbert Hayes* 通信
（2）时间：1936 年
（3）语言：英语
（4）提要：该文件是明尼苏达大学（University of Minnesota）Herbert Hayes 在 1936 年间与金陵大学有关人员的往来通信，通信都为机打。

文件-2
（1）题名：*Glenn W. Hedlund* 通信
（2）时间：1936 年
（3）语言：英语
（4）提要：该文件是康奈尔大学 Glenn W. Hedlund 在 1936 年间就任职金陵大学等事宜与有关人员的往来通信，通信都为机打。

文件-3
（1）题名：*Marion Hedrick* 通信
（2）时间：1923—1927 年

(3) 语言：英语

(4) 提要：该文件是 Marion Hedrick 在 1923 年至 1927 年间就金陵大学等事务与有关人员的往来通信，部分通信为机打，部分为手写。

文件-4
(1) 题名：*C. M. Heh* 通信
(2) 时间：1932—1933 年
(3) 语言：英语
(4) 提要：该文件是康奈儿大学 C. M. Heh 在 1932 年至 1933 年间与 B. A. Garside 的往来通信，部分通信为机打，部分为手写。

案卷号 RG011-214-3637

文件-1
(1) 题名：*Paul R. Hickok* 通信
(2) 时间：1922—1924 年
(3) 语言：英语
(4) 提要：该文件是 Paul R. Hickok 在 1922 年至 1924 年间与金陵大学文怀恩等人的往来通信，通信都为机打。

案卷号 RG011-214-3638

文件-1
(1) 题名：*Margaret Higgins* 通信
(2) 时间：1932 年
(3) 语言：英语
(4) 提要：该文件是 Margaret Higgins 在 1932 年间就任职金陵大学等事宜与金大有关人员的往来通信，通信都为机打。

文件-2
(1) 题名：*Walter G. Hiltner* 通信
(2) 时间：1916 年

(3) 语言：英语

(4) 提要：该文件是哈佛大学 Walter G. Hiltner 在 1916 年间就金陵大学医科等事宜与有关人员的往来通信，部分通信为机打，部分为手写。

文件-3

(1) 题名：*Thomas F. Holgate* 通信

(2) 时间：1912—1924 年

(3) 语言：英语

(4) 提要：该文件是美国西北大学（Northwestern University）校长 Thomas F. Holgate 在 1912 年至 1924 年间就金陵大学有关事务与相关人员的往来通信，大部分通信为机打，少部分为手写。

文件-4

(1) 题名：*Ben Holroyd* 通信

(2) 时间：1925—1927 年

(3) 语言：英语

(4) 提要：该文件是美国基督教联合传教会（United Christian Missionary Society）Ben Holroyd 在 1925 年至 1927 年间与金陵大学有关人员的往来通信，部分通信为机打，部分为手写。

文件-5

(1) 题名：胡佛公司通信

(2) 时间：1927—1936 年

(3) 语言：英语

(4) 提要：该文件是美国胡佛公司（The Hoover Company）1927 年至 1936 年间就金陵大学捐赠等事宜与有关人员的往来通信，通信都为机打。

文件-6

(1) 题名：*Frank A. Horne* 通信

(2) 时间：1916—1927 年

(3) 语言：英语

(4) 提要：该文件是 Frank A. Horne 在 1916 年至 1927 年间与文怀恩、包文等金陵大学有关人员的往来通信，通信都为机打。

案卷号 RG011-214-3640

文件-1
(1) 题名：*Elisha L. Horton* 通信
(2) 时间：1927 年
(3) 语言：英语
(4) 提要：该文件是 Elisha L. Horton 在 1927 年间就金陵大学有关事务的往来通信，通信都为机打。

文件-2
(1) 题名：*Edward H. Hume* 通信
(2) 时间：1929 年
(3) 语言：英语
(4) 提要：该文件是美国医学专家 Edward H. Hume 在 1929 年间就使用救荒基金等事宜与金陵大学有关人员的往来通信，通信都为机打。

文件-3
(1) 题名：*W. F. Hummel* 通信
(2) 时间：1924—1927 年
(3) 语言：英语
(4) 提要：该文件是 W. F. Hummel 在 1924 年至 1927 年间与金陵大学有关人员的往来通信，通信都为机打。

文件-4
(1) 题名：*Ella A. Hunt* 通信
(2) 时间：1923—1927 年
(3) 语言：英语

（4）提要：该文件是 Ella A. Hunt 在 1923 年至 1927 年间就任职金陵大学等事宜与有关人员的往来通信，通信都为机打。

案卷号 *RG011-214-3641*

文件-1
（1）题名：*Allen C. Hutcheson* 通信
（2）时间：1918—1929 年
（3）语言：英语
（4）提要：该文件是鼓楼医院 Allen C. Hutcheson 在 1918 年至 1929 年间与金陵大学有关人员的往来通信，通信都为机打。

案卷号 *RG011-214-3642*

文件-1
（1）题名：*Judge J. C. Hutcheson* 通信
（2）时间：1927 年
（3）语言：英语
（4）提要：该文件是美国法官 Judge J. C. Hutcheson 在 1927 年间与包文的往来通信，通信都为机打。

文件-2
（1）题名：*Iva Hynds* 通信
（2）时间：1925—1936 年
（3）语言：英语
（4）提要：该文件为金陵大学职员 Iva Hynds 在 1925 年至 1936 年间与金陵大学有关人员的往来通信，部分通信为机打，部分为手写。

案卷号 RG011-214-3643

文件-1
(1) 题名：*J. Theron Illick* 通信
(2) 时间：1922—1942 年
(3) 语言：英语
(4) 提要：该文件为 J. Theron Illick 在 1922 年至 1942 年间与金陵大学有关人员的往来通信，大部分通信为机打，少部分为手写。

案卷号 RG011-215-3644

文件-1
(1) 题名：土地经济学与公共事业研究所通信
(2) 时间：1919—1930 年
(3) 语言：英语
(4) 提要：该文件是土地经济学与公共事业研究所（The Institute for Research in Land Economics and Public Utilities）1919 年至 1930 年间就与金陵大学合作等事宜与有关人员的往来通信，通信都为机打。

案卷号 RG011-215-3644A

文件-1
(1) 题名：太平洋国际学会通信
(2) 时间：1928—1930 年
(3) 语言：英语
(4) 提要：该文件是太平洋国际学会（Institute of Pacific Relations）1928 年至 1930 年间与金陵大学有关人员的往来通信，通信都为机打。

案卷号 *RG011-215-3645*

文件-1
（1）题 名：国际教育委员会通信
（2）时 间：1926—1932 年
（3）语 言：英语
（4）提 要：该文件是洛克菲勒基金会国际教育委员会（International Education Board）1926 年至 1932 年间与金陵大学有关人员的往来通信，通信都为机打。

文件-2
（1）题 名：*Margaret D. Jeffrey* 通信
（2）时 间：1928—1934 年
（3）语 言：英语
（4）提 要：该文件是金陵大学职员 Margaret D. Jeffrey 在 1928 年至 1934 年间与有关人员的往来通信，部分通信为机打，部分为手写。

案卷号 *RG011-215-3646*

文件-1
（1）题 名：*Mrs. Morris K. Jesup* 通信
（2）时 间：1913 年
（3）语 言：英语
（4）提 要：该文件是 1913 年 11 月 14 日金陵大学会计致 Mrs. Morris K. Jesup 的感谢信，对其捐赠表示谢意，信件为机打。

文件-2
（1）题 名：*Ernest Victor Jones* 通信
（2）时 间：1927—1930 年
（3）语 言：英语
（4）提 要：该文件是美国伯明翰南方学院（Birmingham Southern College）Ernest Victor Jones 在 1927 年至 1930 年间与金陵大

学有关人员的往来通信，部分通信为机打，部分为手写。

文件-3
(1) 题名：*James R. Joy* 通信
(2) 时间：1916 年
(3) 语言：英语
(4) 提要：该文件是金陵大学 1916 年 10 月 29 日、11 月 14 日致 James R. Joy 的信，通信内容为机打。

案卷号 RG011-215-3647

文件-1
(1) 题名：钦嘉乐通信
(2) 时间：1914—1923 年
(3) 语言：英语
(4) 提要：该文件是金陵大学教师钦嘉乐（Charles Scull Keen）1914 年至 1923 年间的往来通信，通信都为机打。

文件-2
(1) 题名：钦嘉乐纪念藏书委员会通信
(2) 时间：1923—1927 年
(3) 语言：英语
(4) 提要：该文件是 1923 年钦嘉乐去世后，钦嘉乐纪念藏书（Keen Memorial Collection）委员会就为筹集纪念资金及图书等事宜与有关人员的往来通信，大部分通信为机打，少部分为手写。

案卷号 RG011-215-3648

文件-1
(1) 题名：*Joseph I. Parker* 通信
(2) 时间：1941—1942 年
(3) 语言：英语

(4) 提要：该文件是金陵大学职员 Joseph I. Parker 在 1941 年至 1942 年间的往来通信，大部分通信为机打，少部分为手写。

文件-2

(1) 题名：*A. Edwin Keigwin* 通信
(2) 时间：1922—1924 年
(3) 语言：通信
(4) 时间：该文件是 A. Edwin Keigwin 在 1922 年至 1924 年间与金陵大学有关人员的往来通信，通信都为机打。

案卷号 *RG011-215-3649*

文件-1

(1) 题名：*David S. Kennedy* 通信
(2) 时间：1922—1923 年
(3) 语言：英语
(4) 提要：该文件是《长老会》(*The Presbyterian*) 编辑 David S. Kennedy 在 1922 年至 1923 年间与金陵大学有关人员的往来通信，大部分通信为机打，少部分为手写。

文件-2

(1) 题名：*Ogden King* 通信
(2) 时间：1934—1936 年
(3) 语言：英语
(4) 提要：该文件是 Ogden King 夫妇 1934 年至 1936 年间就任职金陵大学等事宜与有关人员的往来通信，大部分通信为机打，少部分为手写。

文件-3

(1) 题名：过探先夫人通信
(2) 时间：1929 年
(3) 语言：英语
(4) 提要：该文件是 1929 年金大农林科主任过探先（T. S. Kuo）

去世后，芮思娄与过探先夫人的往来通信，部分通信为机打，部分为手写。

案卷号 RG011-215-3650

文件-1
（1）题名：*E. W. Lane* 通信
（2）时间：1916 年
（3）语言：英语
（4）提要：该文件是基督教青年会（Young Men's Christian Association，Y. M. C. A）E. W. Lane 在 1916 年间与金陵大学有关人员的往来通信，通信都为机打。

文件-2
（1）题名：*Sidney L. Lasell* 通信
（2）时间：1916—1919 年
（3）语言：英语
（4）提要：该文件是 Sidney L. Lasell 在 1916 年至 1919 年间与金陵大学有关人员的往来通信，部分通信为机打，部分为手写。

文件-3
（1）题名：*Joshua Levering* 通信
（2）时间：1916 年
（3）语言：英语
（4）提要：该文件是 Joshua Levering 在 1916 年间与文怀恩的往来通信，通信都为机打。

文件-4
（1）题名：*Ardron B. Lewis* 通信
（2）时间：1933 年
（3）语言：英语
（4）提要：该文件是康奈尔大学 Ardron B. Lewis 在 1933 年间就

任职金陵大学等事宜与有关人员的往来通信，大部分通信为机打，少部分为手写。

案卷号 RG011-215-3651

文件-1
(1) 题名：李小缘通信
(2) 时间：1924 年
(3) 语言：英语
(4) 提要：该文件是李小缘（S. Y. Li）1924 年在美期间与金陵大学有关人员的往来通信，部分通信为机打，部分为手写。

文件-2
(1) 题名：*H. S. Liang* 通信
(2) 时间：1924 年
(3) 语言：英语
(4) 提要：该文件是金大在美校友 H. S. Liang 在 1924 年间与文怀恩的往来通信，通信都为机打。

文件-3
(1) 题名：凌道杨通信
(2) 时间：1918—1919 年
(3) 语言：英语
(4) 提要：该文件是金陵大学教师凌道杨（D. Y. Lin）1918 年至 1919 年间的有关通信，通信都为机打，部分通信中附有凌道杨的英文研究报告。

案卷号 RG011-215-3652

文件-1
(1) 题名：刘国钧通信
(2) 时间：1922—1927 年
(3) 语言：英语

	（4）提要：该文件是刘国钧（K. C. Liu）1922年至1927年间与有关人员的往来通信，部分通信为机打，部分为手写。
文件-2	（1）题名：刘广沛通信
	（2）时间：1924年
	（3）语言：英语
	（4）提要：该文件是刘广沛（Kuang-pei Liu）1924年间的往来通信，通信都为机打。
文件-3	（1）题名：刘廼敬通信
	（2）时间：1924年
	（3）语言：英语
	（4）提要：该文件是刘廼敬（Nai-ching Liu）1924年间与有关人员的往来通信，部分通信为机打，部分为手写。

案卷号 RG011-215-3653

文件-1	（1）题名：*Edwin C. Lobensteine* 通信
	（2）时间：1916—1936年
	（3）语言：英语
	（4）提要：该文件是 Edwin C. Lobensteine 在1916年至1936年间与金陵大学有关人员的往来通信，部分通信为机打，部分为手写。

案卷号 RG011-215-3654

文件-1	（1）题名：洛夫通信
	（2）时间：1924—1935年
	（3）语言：英语
	（4）提要：该文件是康奈尔大学农学专家洛夫（H. H. Love）1924

年至 1935 年间与金陵大学有关人员的往来通信，大部分通信为机打，少部分为手写。

案卷号 RG011-215-3655

文件-1
- （1）题名：*Walter Lowdermilk* 通信
- （2）时间：1922—1928 年
- （3）语言：英语
- （4）提要：该文件是美国林业保护学者 Walter Lowdermilk 在 1922 年至 1928 年间与金陵大学有关人员的往来通信，大部分通信为机打，少部分为手写。

案卷号 RG011-215-3656

文件-1
- （1）题名：*W. O. Ludlow* 通信
- （2）时间：1912 年
- （3）语言：英语
- （4）提要：该文件是 W. O. Ludlow 在 1912 年间与金陵大学有关人员的往来通信，通信都为机打。

文件-2
- （1）题名：*Ellen M. Lusk* 通信
- （2）时间：1924 年
- （3）语言：英语
- （4）提要：该文件是 Ellen M. Lusk 在 1924 年间与金陵大学有关人员的往来通信，部分通信为机打，部分为手写。

文件-3
- （1）题名：*Mrs. Cyrus McCormick* 通信
- （2）时间：1915—1919 年
- （3）语言：英语

　　　　　　　　　（4）提要：该文件是 Mrs. Cyrus McCormick 在 1915 年至 1919 年
　　　　　　　　　　　间与金陵大学有关人员的往来通信，通信都为机打。

文件-4　　　（1）题名：*Cyrus H. McCormick* 通信
　　　　　　　　（2）时间：1927 年
　　　　　　　　（3）语言：英语
　　　　　　　　（4）提要：该文件是 Cyrus H. McCormick 在 1927 年间与包文的
　　　　　　　　　　　往来通信，通信都为机打。

文件-5　　　（1）题名：*William E. Macklin* 通信
　　　　　　　　（2）时间：1919 年
　　　　　　　　（3）语言：英语
　　　　　　　　（4）提要：该文件是 William E. Macklin 在 1919 年间与金陵大学
　　　　　　　　　　　有关人员的往来通信，部分通信为机打，部分为手写。

案卷号 RG011-215-3657

文件-1　　　（1）题名：*L. A. Maynard* 通信
　　　　　　　　（2）时间：1922—1934 年
　　　　　　　　（3）语言：英语
　　　　　　　　（4）提要：该文件是康奈尔大学 L. A. Maynard 在 1922 年至 1934
　　　　　　　　　　　年间与金陵大学有关人员的往来通信，通信都为机打。

案卷号 RG011-215-3658

文件-1　　　（1）题名：*Grace C. Mertsky* 通信
　　　　　　　　（2）时间：1929—1930 年
　　　　　　　　（3）语言：英语
　　　　　　　　（4）提要：该文件是土地经济学与公共事业研究所（The Institute

for Research in Land Economics and Public Utilities) Grace C. Mertsky 在 1929 年至 1930 年间与金陵大学有关人员的往来通信，通信都为机打。

案卷号 RG011-216-3659

文件-1 　(1) 题名：*Board of Missions and Church Extension of the Methodist Church* 通信
　　　　　(2) 时间：1941—1945 年
　　　　　(3) 语言：英语
　　　　　(4) 提要：该文件是卫理会传教委员会 (Board of Missions and Church Extension of the Methodist Church) 1941 年至 1945 年间与金陵大学有关人员的往来通信，通信都为机打。

案卷号 RG011-216-3660

文件-1 　(1) 题名：*Board of Foreign Missions of the Methodist Episcopal Church* 通信
　　　　　(2) 时间：1907—1913 年
　　　　　(3) 语言：英语
　　　　　(4) 提要：该文件是卫理会外国传教委员会 (Board of Foreign Missions of the Methodist Episcopal Church) 1907 年至 1913 年间与金陵大学有关人员的往来通信，大部分通信为机打，少部分为手写。

案卷号 RG011-216-3661

文件-1 　(1) 题名：*Board of Foreign Missions of the Methodist Episcopal Church* 通信

（2）时间：1914—1917 年

（3）语言：英语

（4）提要：该文件是卫理会外国传教委员会 1914 年至 1917 年间与金陵大学有关人员的往来通信，通信都为机打。

案卷号 RG011-216-3662

文件-1

（1）题名：*Board of Foreign Missions of the Methodist Episcopal Church* 通信

（2）时间：1918—1919 年

（3）语言：英语

（4）提要：该文件是卫理会外国传教委员会 1918 年至 1919 年间与金陵大学有关人员的往来通信，通信都为机打。

案卷号 RG011-216-3663

文件-1

（1）题名：*Board of Foreign Missions of the Methodist Episcopal Church* 通信

（2）时间：1920—1921 年

（3）语言：英语

（4）提要：该文件是卫理会外国传教委员会 1920 年至 1921 年间与金陵大学有关人员的往来通信，通信都为机打。

案卷号 RG011-216-3664

文件-1

（1）题名：*Board of Foreign Missions of the Methodist Episcopal Church* 通信

（2）时间：1922—1923 年

（3）语言：英语

（4）提要：该文件是卫理会外国传教委员会1922年至1923年间与金陵大学有关人员的往来通信，通信都为机打。

案卷号 RG011-216-3665

文件-1
(1) 题名：*Board of Foreign Missions of the Methodist Episcopal Church* 通信
(2) 时间：1924—1925 年
(3) 语言：英语
(4) 提要：该文件是卫理会外国传教委员会1924年至1925年间与金陵大学有关人员的往来通信，通信都为机打。

案卷号 RG011-216-3666

文件-1
(1) 题名：*Board of Foreign Missions of the Methodist Episcopal Church* 通信
(2) 时间：1926—1927 年
(3) 语言：英语
(4) 提要：该文件是卫理会外国传教委员会1926年至1927年间与金陵大学有关人员的往来通信，通信都为机打。

案卷号 RG011-216-3667

文件-1
(1) 题名：*Board of Foreign Missions of the Methodist Episcopal Church* 通信
(2) 时间：1928 年
(3) 语言：英语
(4) 提要：该文件是卫理会外国传教委员会1928年间与金陵大学有关人员的往来通信，通信都为机打。

案卷号 RG011-216-3668

文件-1　　（1）题名：*Board of Foreign Missions of the Methodist Episcopal Church* 通信

（2）时间：1929—1930 年

（3）语言：英语

（4）提要：该文件是卫理会外国传教委员会 1929 年至 1930 年间与金陵大学有关人员的往来通信，通信都为机打。

案卷号 RG011-216-3669

文件-1　　（1）题名：*Board of Foreign Missions of the Methodist Episcopal Church* 通信

（2）时间：1931—1932 年

（3）语言：英语

（4）提要：该文件是卫理会外国传教委员会 1931 年至 1932 年间与金陵大学有关人员的往来通信，通信都为机打。

案卷号 RG011-216-3670

文件-1　　（1）题名：*Board of Foreign Missions of the Methodist Episcopal Church* 通信

（2）时间：1933—1934 年

（3）语言：英语

（4）提要：该文件是卫理会外国传教委员会 1933 年至 1934 年间与金陵大学有关人员的往来通信，通信都为机打。

案卷号 RG011-216-3671

文件-1
（1）题 名：*Board of Foreign Missions of the Methodist Episcopal Church* 通信
（2）时 间：1935—1937 年
（3）语 言：英语
（4）提 要：该文件是卫理会外国传教委员会 1935 年至 1937 年间与金陵大学有关人员的往来通信，通信都为机打。

案卷号 RG011-216-3672

文件-1
（1）题 名：*Board of Foreign Missions of the Methodist Episcopal Church* 通信
（2）时 间：1938—1940 年
（3）语 言：英语
（4）提 要：该文件是卫理会外国传教委员会 1938 年至 1940 年间与金陵大学有关人员的往来通信，通信都为机打。

案卷号 RG011-216-3673

文件-1
（1）题 名：*Board of Foreign Missions of the Methodist Episcopal Church, South* 通信
（2）时 间：1912—1914 年
（3）语 言：英语
（4）提 要：该文件是美国南方卫理会外国传教委员会（Board of Foreign Missions of the Methodist Episcopal Church, South）1912 年至 1914 年间与金陵大学有关人员的往来通信，通信都为机打。

案卷号 RG011-216-3674

文件-1
（1）题名：Board of Foreign Missions of the Methodist Episcopal Church, South 通信
（2）时间：1915—1924 年
（3）语言：英语
（4）提要：该文件是美国南方卫理会外国传教委员会 1915 年至 1924 年间与金陵大学有关人员的往来通信，通信都为机打。

案卷号 RG011-217-3675

文件-1
（1）题名：Gordon K. Middleton 通信
（2）时间：1929—1930 年
（3）语言：英语
（4）提要：该文件是 Gordon K. Middleton 在 1929 年至 1930 年间就任职金陵大学等事宜与有关人员的往来通信，通信都为机打。

文件-2
（1）题名：Milbank Memorial Fund 通信
（2）时间：1933—1934 年
（3）语言：英语
（4）提要：该文件是米尔班克纪念基金会（Milbank Memorial Fund）1933 年至 1934 年间就捐赠事宜与金陵大学有关人员的往来通信，通信都为机打。

案卷号 RG011-217-3676

文件-1
（1）题名：Samuel J. Mills 通信
（2）时间：1923—1936 年

(3) 语言：英语

(4) 提要：该文件是美国长老会（American Presbyterian Mission）Samuel J. Mills 在 1923 年至 1936 年间与金陵大学有关人员的往来通信，大部分通信为机打，少部分为手写。

案卷号 RG011-217-3677

文件-1
(1) 题名：*William Millward* 通信
(2) 时间：1916 年
(3) 语言：英语
(4) 提要：该文件是 William Millward 在 1916 年间与文怀恩就任职金陵大学等事宜的往来通信，部分通信为机打，部分为手写。

文件-2
(1) 题名：*R. P. Montgomery* 通信
(2) 时间：1914 年
(3) 语言：英语
(4) 提要：该文件是 R. P. Montgomery 在 1914 年间与金陵大学有关人员的往来通信，部分通信为机打，部分为手写。

文件-3
(1) 题名：*Dwight W. Morrow* 通信
(2) 时间：1927 年
(3) 语言：英语
(4) 提要：该文件是 B. A. Garside 在 1927 年 8 月 26 日致 Dwight W. Morrow 的信函，对其捐赠表示感谢，通信都为机打。

案卷号 *RG011-217-3678*

文件-1
(1) 题名：*Leslie B. Moss* 通信
(2) 时间：1918—1924 年
(3) 语言：英语
(4) 提要：该文件是 Leslie B. Moss 在 1918 年至 1924 年间与金陵大学文怀恩、包文等有关人员的往来通信，部分通信为机打，部分为手写。

案卷号 *RG011-217-3679*

文件-1
(1) 题名：*John R. Mott* 通信
(2) 时间：1916 年
(3) 语言：英语
(4) 提要：该文件是美国基督教领袖 John R. Mott 在 1916 年间与文怀恩的往来通信，通信都为机打。

文件-2
(1) 题名：*Jane Munn* 通信
(2) 时间：1926—1928 年
(3) 语言：英语
(4) 提要：该文件是 Jane Munn 在 1926 年至 1928 年间与金陵大学有关人员的往来通信，部分通信为机打，部分为手写。

案卷号 *RG011-217-3680*

文件-1
(1) 题名：马雅思通信
(2) 时间：1925—1930 年
(3) 语言：英语
(4) 提要：该文件是康奈尔大学农学专家马雅思（C. H. Myers）

1925年至1930年间与金陵大学有关人员的往来通信，通信都为机打。

案卷号 RG011-217-3681

文件-1
（1）题名：马雅思通信
（2）时间：1931—1935年
（3）语言：英语
（4）提要：该文件是康奈尔大学农学专家马雅思1931年至1935年间与金陵大学有关人员的往来通信，通信都为机打。

案卷号 RG011-217-3682

文件-1
（1）题名：金陵神学院通信
（2）时间：1916—1935年
（3）语言：英语
（4）提要：该文件是金陵神学院（Nanking Theological Seminary）有关人员1916年至1935年间的往来通信，大部分通信为机打，少部分为手写。

案卷号 RG011-217-3683

文件-1
（1）题名：纽约州教育部及纽约州立大学通信
（2）时间：1911—1912年
（3）语言：英语
（4）提要：该文件是美国纽约州教育部（New York State Department of Education）及纽约州立大学（The University of the State New York）有关人员1911年至1912年间就金陵大学有关事务的往来通信，通信都为机打。

案卷号 *RG011-217-3684*

文件-1　　（1）题名：纽约州教育部及纽约州立大学通信
　　　　　　　（2）时间：1913—1920 年
　　　　　　　（3）语言：英语
　　　　　　　（4）提要：该文件是美国纽约州教育部及纽约州立大学有关人员1913 年至 1920 年间就金陵大学有关事务的往来通信，通信都为机打。

案卷号 *RG011-217-3685*

文件-1　　（1）题名：纽约州教育部及纽约州立大学通信
　　　　　　　（2）时间：1921—1927 年
　　　　　　　（3）语言：英语
　　　　　　　（4）提要：该文件是美国纽约州教育部及纽约州立大学有关人员1921 年至 1927 年间就金陵大学有关事务的往来通信，通信都为机打。

案卷号 *RG011-217-3686*

文件-1　　（1）题名：纽约州教育部及纽约州立大学通信
　　　　　　　（2）时间：1928—1933 年
　　　　　　　（3）语言：英语
　　　　　　　（4）提要：该文件是美国纽约州教育部及纽约州立大学有关人员1928 年至 1933 年间就金陵大学有关事务的往来通信，通信都为机打。

案卷号 RG011-217-3687

文件-1
（1）题名：纽约州教育部及纽约州立大学通信
（2）时间：1934年
（3）语言：英语
（4）提要：该文件是美国纽约州教育部及纽约州立大学有关人员1934年间就金陵大学有关事务的往来通信，通信都为机打。

案卷号 RG011-217-3688

文件-1
（1）题名：纽约州教育部及纽约州立大学通信
（2）时间：1935—1941年
（3）语言：英语
（4）提要：该文件是美国纽约州教育部及纽约州立大学有关人员1935年至1941年间就金陵大学有关事务的往来通信，通信都为机打。

案卷号 RG011-217-3689

文件-1
（1）题名：Newark Museum Association 通信
（2）时间：1923年
（3）语言：英语
（4）提要：该文件是纽瓦克博物馆协会（Newark Museum Association）有关人员1923年间就金陵大学展览等事宜与金陵大学有关人员的往来通信，通信都为机打。

文件-2
（1）题名：倪青原通信
（2）时间：1935—1936年

(3) 语言：英语

(4) 提要：该文件是金陵大学教师倪青原（T. Y. Ni）1935 年至 1936 年间与 B. A. Garside 的往来通信，部分通信为机打，部分为手写。

文件-3
(1) 题名：*Eric M. North* 通信
(2) 时间：1923—1932 年
(3) 语言：英语
(4) 提要：该文件是 Eric M. North 在 1923 年至 1932 年间与金陵大学有关人员的往来通信，通信都为机打。

案卷号 RG011-217-3690

文件-1
(1) 题名：*Earl Otto* 通信
(2) 时间：1929—1930 年
(3) 语言：英语
(4) 提要：该文件是 Earl Otto 在 1929 年至 1930 年间与金陵大学有关人员的往来通信，通信都为机打。

案卷号 RG011-218-3691

文件-1
(1) 题名：*Lewis J. Owen* 通信
(2) 时间：1916—1918 年
(3) 语言：英语
(4) 提要：该文件是金陵大学财务 Lewis J. Owen 在 1916 年至 1918 年间与有关人员的往来通信，通信都为机打。

案卷号 *RG011-218-3692*

文件-1
- （1）题名：*Lewis J. Owen* 通信
- （2）时间：1919—1921 年
- （3）语言：英语
- （4）提要：该文件是金陵大学财务 Lewis J. Owen 在 1919 年至 1921 年间与有关人员的往来通信，通信都为机打。

案卷号 *RG011-218-3693*

文件-1
- （1）题名：*Lewis J. Owen* 通信
- （2）时间：1922 年
- （3）语言：英语
- （4）提要：该文件是金陵大学财务 Lewis J. Owen 在 1922 年间与有关人员的往来通信，大部分通信为机打，少部分为手写。

案卷号 *RG011-218-3694*

文件-1
- （1）题名：*Lewis J. Owen* 通信
- （2）时间：1923 年
- （3）语言：英语
- （4）提要：该文件是金陵大学财务 Lewis J. Owen 在 1923 年间与有关人员的往来通信，大部分通信为机打，少部分为手写。

案卷号 *RG011-218-3695*

文件-1
- （1）题名：*Lewis J. Owen* 通信
- （2）时间：1924 年
- （3）语言：英语

(4) 提要：该文件是金陵大学财务 Lewis J. Owen 在 1924 年间与有关人员的往来通信，通信都为机打。

案卷号 *RG011-218-3696*

文件-1
(1) 题名：*Lewis J. Owen* 通信
(2) 时间：1925 年
(3) 语言：英语
(4) 提要：该文件是金陵大学财务 Lewis J. Owen 在 1925 年 1 月至 6 月间与有关人员的往来通信，通信都为机打。

案卷号 *RG011-218-3697*

文件-1
(1) 题名：*Lewis J. Owen* 通信
(2) 时间：1925 年
(3) 语言：英语
(4) 提要：该文件是金陵大学财务 Lewis J. Owen 在 1925 年 7 月至 12 月间与有关人员的往来通信，通信都为机打。

案卷号 *RG011-218-3698*

文件-1
(1) 题名：*Lewis J. Owen* 通信
(2) 时间：1926—1927 年
(3) 语言：英语
(4) 提要：该文件是金陵大学财务 Lewis J. Owen 在 1926 年至 1927 年 5 月间与有关人员的往来通信，大部分通信为机打，少部分为手写。

案卷号 *RG011-218-3699*

文件–1
（1）题名：*Lewis J. Owen* 通信
（2）时间：1927—1928 年
（3）语言：英语
（4）提要：该文件是金陵大学财务 Lewis J. Owen 在 1927 年 6 月至 1928 年间与有关人员的往来通信，通信都为机打。

案卷号 *RG011-218-3700*

文件–1
（1）题名：*Franklin L. Partridge* 通信
（2）时间：1929—1933 年
（3）语言：英语
（4）提要：该文件是 Franklin L. Partridge 在 1929 年至 1933 年与金陵大学有关人员的往来通信，大部分通信为机打，少部分为手写。

文件–2
（1）题名：*Charles T. Paul* 通信
（2）时间：1916 年
（3）语言：英语
（4）提要：该文件是 Charles T. Paul 在 1916 年间与金陵大学有关人员的往来通信，大部分通信为机打，少部分为手写。

文件–3
（1）题名：*Peddie School* 通信
（2）时间：1924 年
（3）语言：英语
（4）提要：该文件是美国新泽西州 Peddie School 在 1924 年间与金陵大学有关人员的往来通信，通信都为机打。

案卷号 *RG011-218-3701*

文件-1
（1）题名：*E. A. Peden* 通信
（2）时间：1923—1924 年
（3）语言：英语
（4）提要：该文件是美国派登钢铁公司主席（Peden Iron & Steel Company）E. A. Peden 在 1923 年至 1924 年间就财务问题与金陵大学有关人员的往来通信，通信都为机打。

案卷号 *RG011-218-3702*

文件-1
（1）题名：*Perkings, Fellows & Hamilton* 通信
（2）时间：1913—1927 年
（3）语言：英语
（4）提要：该文件是美国芝加哥建筑公司 Perkings, Fellows & Hamilton 在 1913 年至 1927 年间就金陵大学建设等事宜与金陵大学有关人员的往来通信，大部分通信为机打，少部分为手写。

案卷号 *RG011-218-3703*

文件-1
（1）题名："南京事件"金大教职员损失档案
（2）时间：1927 年
（3）语言：英语
（4）提要：该文件是 1927 年"南京事件"中金大教职员就遭受损失事与有关各界的往来通信（通信中大部分为机打，少部分为手写）、调查统计等。

案卷号 RG011-218-3704

文件-1
(1) 题名：*Thirza M. Pierce* 通信
(2) 时间：1919—1920 年
(3) 语言：英语
(4) 提要：该文件是 Thirza M. Pierce 在 1919 年至 1920 年间与金陵大学有关人员的往来通信，部分通信为机打，部分为手写。

案卷号 RG011-218-3705

文件-1
(1) 题名：*Rupert H. Porter* 通信
(2) 时间：1916—1922 年
(3) 语言：英语
(4) 提要：该文件是爱荷华州立学院（Iowa State College）农学专家 Rupert H. Porter 在 1916 年至 1922 年间与金陵大学有关人员的往来通信，部分通信为机打，部分为手写。

案卷号 RG011-218-3706

文件-1
(1) 题名：*Rupert H. Porter* 通信
(2) 时间：1923—1928 年
(3) 语言：英语
(4) 提要：该文件是爱荷华州立学院农学专家 Rupert H. Porter 在 1923 年至 1928 年间与金陵大学有关人员的往来通信，大部分通信为机打，少部分为手写。

案卷号 RG011-219-3707

文件-1
（1）题名：Executative Committee of Foreign Missions of the Presbyterian Church in the United States 通信
（2）时间：1912—1916 年
（3）语言：英语
（4）提要：该文件是美国长老会外国传教执行委员会（Executative Committee of Foreign Missions of the Presbyterian Church in the United States）1912 年至 1916 年间与金陵大学有关人员的往来通信，通信都为机打。

案卷号 RG011-219-3708

文件-1
（1）题名：Executative Committee of Foreign Missions of the Presbyterian Church in the United States 通信
（2）时间：1917—1930 年
（3）语言：英语
（4）提要：该文件是美国长老会外国传教执行委员会 1917 年至 1930 年间与金陵大学有关人员的往来通信，通信都为机打。

案卷号 RG011-219-3709

文件-1
（1）题名：The Board of Foreign Missions of the Presbyterian Church in the United States 通信
（2）时间：1910—1911 年
（3）语言：英语
（4）提要：该文件是美国长老会外国传教委员会（The Board of Foreign Missions of the Presbyterian Church in the United States）1910 年至 1911 年间与金陵大学有关人员的往来通信，通信都为机打。

案卷号 RG011-219-3710

文件-1
(1) 题名：*The Board of Foreign Missions of the Presbyterian Church in the United States* 通信
(2) 时间：1912 年
(3) 语言：英语
(4) 提要：该文件是美国长老会外国传教委员会 1912 年间与金陵大学有关人员的往来通信，通信都为机打。

案卷号 RG011-219-3711

文件-1
(1) 题名：*The Board of Foreign Missions of the Presbyterian Church in the United States* 通信
(2) 时间：1913 年
(3) 语言：英语
(4) 提要：该文件是美国长老会外国传教委员会 1913 年间与金陵大学有关人员的往来通信，大部分通信为机打，少部分为手写。

案卷号 RG011-219-3712

文件-1
(1) 题名：*The Board of Foreign Missions of the Presbyterian Church in the United States* 通信
(2) 时间：1914 年
(3) 语言：英语
(4) 提要：该文件是美国长老会外国传教委员会 1914 年间与金陵大学有关人员的往来通信，通信都为机打。

案卷号 RG011-219-3713

文件-1　　（1）题名：*The Board of Foreign Missions of the Presbyterian Church in the United States* 通信

　　　　　　（2）时间：1915年

　　　　　　（3）语言：英语

　　　　　　（4）提要：该文件是美国长老会外国传教委员会1915年间与金陵大学有关人员的往来通信，通信都为机打。

案卷号 RG011-219-3714

文件-1　　（1）题名：*The Board of Foreign Missions of the Presbyterian Church in the United States* 通信

　　　　　　（2）时间：1916年

　　　　　　（3）语言：英语

　　　　　　（4）提要：该文件是美国长老会外国传教委员会1916年间与金陵大学有关人员的往来通信，通信都为机打。

案卷号 RG011-219-3715

文件-1　　（1）题名：*The Board of Foreign Missions of the Presbyterian Church in the United States* 通信

　　　　　　（2）时间：1917年

　　　　　　（3）语言：英语

　　　　　　（4）提要：该文件是美国长老会外国传教委员会1917年间与金陵大学有关人员的往来通信，通信都为机打。

案卷号 *RG011-219-3716*

文件-1
（1）题名：*The Board of Foreign Missions of the Presbyterian Church in the United States* 通信
（2）时间：1918 年
（3）语言：英语
（4）提要：该文件是美国长老会外国传教委员会 1918 年间与金陵大学有关人员的往来通信，大部分通信为机打，少部分为手写。

案卷号 *RG011-219-3717*

文件-1
（1）题名：*The Board of Foreign Missions of the Presbyterian Church in the United States* 通信
（2）时间：1919 年
（3）语言：英语
（4）提要：该文件是美国长老会外国传教委员会 1919 年间与金陵大学有关人员的往来通信，大部分通信为机打，少部分为手写。

案卷号 *RG011-219-3718*

文件-1
（1）题名：*The Board of Foreign Missions of the Presbyterian Church in the United States* 通信
（2）时间：1920—1922 年
（3）语言：英语
（4）提要：该文件是美国长老会外国传教委员会 1920 年至 1922 年 5 月间与金陵大学有关人员的往来通信，通信都为机打。

案卷号 RG011-219-3719

文件-1
(1) 题名：*The Board of Foreign Missions of the Presbyterian Church in the United States* 通信
(2) 时间：1922年
(3) 语言：英语
(4) 提要：该文件是美国长老会外国传教委员会1922年6月至12月间与金陵大学有关人员的往来通信，大部分通信为机打，少部分为手写。

案卷号 RG011-219-3720

文件-1
(1) 题名：*The Board of Foreign Missions of the Presbyterian Church in the United States* 通信
(2) 时间：1923年
(3) 语言：英语
(4) 提要：该文件是美国长老会外国传教委员会1923年间与金陵大学有关人员的往来通信，通信都为机打。

案卷号 RG011-219-3721

文件-1
(1) 题名：*The Board of Foreign Missions of the Presbyterian Church in the United States* 通信
(2) 时间：1924年
(3) 语言：英语
(4) 提要：该文件是美国长老会外国传教委员会1924年间与金陵大学有关人员的往来通信，大部分通信为机打，少部分为手写。

案卷号 *RG011-220-3722*

文件-1　　（1）题名：*The Board of Foreign Missions of the Presbyterian Church in the United States* 通信

　　　　　　（2）时间：1925—1926 年

　　　　　　（3）语言：英语

　　　　　　（4）提要：该文件是美国长老会外国传教委员会 1925 年至 1926 年间与金陵大学有关人员的往来通信，大部分通信为机打，少部分为手写。

案卷号 *RG011-220-3723*

文件-1　　（1）题名：*The Board of Foreign Missions of the Presbyterian Church in the United States* 通信

　　　　　　（2）时间：1927 年

　　　　　　（3）语言：英语

　　　　　　（4）提要：该文件是美国长老会外国传教委员会 1927 年间与金陵大学有关人员的往来通信，大部分通信为机打，少部分为手写。

案卷号 *RG011-220-3724*

文件-1　　（1）题名：*The Board of Foreign Missions of the Presbyterian Church in the United States* 通信

　　　　　　（2）时间：1928 年

　　　　　　（3）语言：英语

　　　　　　（4）提要：该文件是美国长老会外国传教委员会 1928 年间与金陵大学有关人员的往来通信，通信都为机打。

案卷号 RG011-220-3725

文件-1
(1) 题名：*The Board of Foreign Missions of the Presbyterian Church in the United States* 通信
(2) 时间：1929 年
(3) 语言：英语
(4) 提要：该文件是美国长老会外国传教委员会1929 年间与金陵大学有关人员的往来通信，通信都为机打。

案卷号 RG011-220-3726

文件-1
(1) 题名：*The Board of Foreign Missions of the Presbyterian Church in the United States* 通信
(2) 时间：1930 年
(3) 语言：英语
(4) 提要：该文件是美国长老会外国传教委员会1930 年间与金陵大学有关人员的往来通信，通信都为机打。

案卷号 RG011-220-3727

文件-1
(1) 题名：*The Board of Foreign Missions of the Presbyterian Church in the United States* 通信
(2) 时间：1931—1932 年
(3) 语言：英语
(4) 提要：该文件是美国长老会外国传教委员会1931 年至1932 年间与金陵大学有关人员的往来通信，通信都为机打。

案卷号 RG011-220-3728

文件-1　　（1）题名：*The Board of Foreign Missions of the Presbyterian Church in the United States* 通信

（2）时间：1933—1935 年

（3）语言：英语

（4）提要：该文件是美国长老会外国传教委员会 1933 年至 1935 年间与金陵大学有关人员的往来通信，大部分通信为机打，少部分为手写。

案卷号 RG011-220-3729

文件-1　　（1）题名：*The Board of Foreign Missions of the Presbyterian Church in the United States* 通信

（2）时间：1936 年

（3）语言：英语

（4）提要：该文件是美国长老会外国传教委员会 1936 年间与金陵大学有关人员的往来通信，大部分通信为机打，少部分为手写。

案卷号 RG011-220-3730

文件-1　　（1）题名：*The Board of Foreign Missions of the Presbyterian Church in the United States* 通信

（2）时间：1937—1945 年

（3）语言：英语

（4）提要：该文件是美国长老会外国传教委员会 1937 年至 1945 年间与金陵大学有关人员的往来通信，通信都为机打。

案卷号 RG011-220-3731

文件-1　　（1）题名：毕范宇通信
　　　　　　（2）时间：1928—1931 年
　　　　　　（3）语言：英语
　　　　　　（4）提要：该文件是金陵神学院教师毕范宇（Frank W. Price）1928 年至 1931 年间与金陵大学有关人员的往来通信，通信都为机打。

文件-2　　（1）题名：P. Frank Price 通信
　　　　　　（2）时间：1919 年
　　　　　　（3）语言：英语
　　　　　　（4）提要：该文件是中华基督教长老会临时总会（Provisional General Assembly of The Presbyterian Church in China）的 P. Frank Price 在 1919 年间与金陵大学有关人员的往来通信，通信都为机打。

案卷号 RG011-220-3732

文件-1　　（1）题名：毕律斯通信
　　　　　　（2）时间：1926—1927 年
　　　　　　（3）语言：英语
　　　　　　（4）提要：该文件是金陵大学美籍会计主任毕律斯（Elsie M. Priest）1926 年至 1927 年 7 月间与有关人员的往来通信，部分通信为机打，部分为手写。

案卷号 *RG011-220-3733*

文件-1
（1）题名：毕律斯通信
（2）时间：1927 年
（3）语言：英语
（4）提要：该文件是金陵大学美籍会计主任毕律斯 1927 年 8 月至 12 月间与有关人员的往来通信，部分通信为机打，部分为手写。

案卷号 *RG011-220-3734*

文件-1
（1）题名：毕律斯通信
（2）时间：1928 年
（3）语言：英语
（4）提要：该文件是金陵大学美籍会计主任毕律斯 1928 年间与 B. A. Garside 的往来通信，通信都为机打。

案卷号 *RG011-220-3735*

文件-1
（1）题名：毕律斯通信
（2）时间：1929 年
（3）语言：英语
（4）提要：该文件是金陵大学美籍会计主任毕律斯 1929 年 1 月至 7 月间与金陵大学有关人员的往来通信，通信都为机打。

案卷号 *RG011-220-3736*

文件-1
（1）题名：毕律斯通信
（2）时间：1929 年

(3) 语言：英语

(4) 提要：该文件是金陵大学美籍会计主任毕律斯 1929 年 8 月至 12 月间与金陵大学有关人员的往来通信，通信都为机打。

案卷号 RG011-221-3737

文件-1
(1) 题名：毕律斯通信
(2) 时间：1930 年
(3) 语言：英语
(4) 提要：该文件是金陵大学美籍会计主任毕律斯 1930 年 1 月至 6 月间与金陵大学有关人员的往来通信，通信都为机打。

案卷号 RG011-221-3738

文件-1
(1) 题名：毕律斯通信
(2) 时间：1930 年
(3) 语言：英语
(4) 提要：该文件是金陵大学美籍会计主任毕律斯 1930 年 7 月至 12 月间与金陵大学有关人员的往来通信，通信都为机打。

案卷号 RG011-221-3739

文件-1
(1) 题名：毕律斯通信
(2) 时间：1931 年
(3) 语言：英语
(4) 提要：该文件是金陵大学美籍会计主任毕律斯 1931 年 1 月至 6 月间与金陵大学有关人员的往来通信，通信都为机打。

案卷号 RG011-221-3740

文件-1　　（1）题名：毕律斯通信
　　　　　（2）时间：1931 年
　　　　　（3）语言：英语
　　　　　（4）提要：该文件是金陵大学美籍会计主任毕律斯 1931 年 7 月至 12 月间与金陵大学有关人员的往来通信，大部分通信为机打，少部分为手写。

案卷号 RG011-221-3741

文件-1　　（1）题名：毕律斯通信
　　　　　（2）时间：1932 年
　　　　　（3）语言：英语
　　　　　（4）提要：该文件是金陵大学美籍会计主任毕律斯 1932 年 1 月至 6 月间与金陵大学有关人员的往来通信，大部分通信为机打，少部分为手写。

案卷号 RG011-221-3742

文件-1　　（1）题名：毕律斯通信
　　　　　（2）时间：1932 年
　　　　　（3）语言：英语
　　　　　（4）提要：该文件是金陵大学美籍会计主任毕律斯 1932 年 7 月至 12 月间与金陵大学有关人员的往来通信，大部分通信为机打，少部分为手写。

案卷号 *RG011-221-3743*

文件-1
(1) 题名：毕律斯通信
(2) 时间：1933 年
(3) 语言：英语
(4) 提要：该文件是金陵大学美籍会计主任毕律斯 1933 年 1 月至 6 月间与金陵大学有关人员的往来通信，通信都为机打。

案卷号 *RG011-221-3744*

文件-1
(1) 题名：毕律斯通信
(2) 时间：1933 年
(3) 语言：英语
(4) 提要：该文件是金陵大学美籍会计主任毕律斯 1933 年 7 月至 12 月间与金陵大学有关人员的往来通信，大部分通信为机打，少部分为手写。

案卷号 *RG011-221-3745*

文件-1
(1) 题名：毕律斯通信
(2) 时间：1934 年
(3) 语言：英语
(4) 提要：该文件是金陵大学美籍会计主任毕律斯 1934 年间与金陵大学有关人员的往来通信，大部分通信为机打，少部分为手写。

案卷号 *RG011-221-3746*

文件-1
（1）题名：毕律斯通信
（2）时间：1935 年
（3）语言：英语
（4）提要：该文件是金陵大学美籍会计主任毕律斯 1935 年 1 月至 6 月间与金陵大学有关人员的往来通信，大部分通信为机打，少部分为手写。

案卷号 *RG011-221-3747*

文件-1
（1）题名：毕律斯通信
（2）时间：1935 年
（3）语言：英语
（4）提要：该文件是金陵大学美籍会计主任毕律斯 1935 年 7 月至 12 月间与金陵大学有关人员的往来通信，通信都为机打。

案卷号 *RG011-221-3748*

文件-1
（1）题名：毕律斯通信
（2）时间：1936 年
（3）语言：英语
（4）提要：该文件是金陵大学美籍会计主任毕律斯 1936 年 1 月至 6 月间与金陵大学有关人员的往来通信，大部分通信为机打，少部分为手写。

案卷号 *RG011-221-3749*

文件-1
(1) 题名：毕律斯通信
(2) 时间：1936 年
(3) 语言：英语
(4) 提要：该文件是金陵大学美籍会计主任毕律斯 1936 年 7 月至 12 月间与金陵大学有关人员的往来通信，大部分通信为机打，少部分为手写。

案卷号 *RG011-222-3750*

文件-1
(1) 题名：毕律斯通信
(2) 时间：1937 年
(3) 语言：英语
(4) 提要：该文件是金陵大学美籍会计主任毕律斯 1937 年 1 月至 7 月间与金陵大学有关人员的往来通信，大部分通信为机打，少部分为手写。

案卷号 *RG011-222-3751*

文件-1
(1) 题名：毕律斯通信
(2) 时间：1937 年
(3) 语言：英语
(4) 提要：该文件是金陵大学美籍会计主任毕律斯 1937 年 8 月至 12 月间与金陵大学有关人员的往来通信，大部分通信为机打，少部分为手写。

案卷号 RG011-222-3752

文件-1
（1）题名：毕律斯通信
（2）时间：1938年
（3）语言：英语
（4）提要：该文件是金陵大学美籍会计主任毕律斯1938年1月至6月间与金陵大学有关人员的往来通信，通信都为机打。

案卷号 RG011-222-3753

文件-1
（1）题名：毕律斯通信
（2）时间：1938年
（3）语言：英语
（4）提要：该文件是金陵大学美籍会计主任毕律斯1938年7月至12月间与金陵大学有关人员的往来通信，通信都为机打。

案卷号 RG011-222-3754

文件-1
（1）题名：毕律斯通信
（2）时间：1939年
（3）语言：英语
（4）提要：该文件是金陵大学美籍会计主任毕律斯1939年1月至6月间与金陵大学有关人员的往来通信，大部分通信为机打，少部分为手写。

案卷号 RG011-222-3755

文件-1
（1）题名：毕律斯通信
（2）时间：1939年

(3) 语言：英语

(4) 提要：该文件是金陵大学美籍会计主任毕律斯 1939 年 7 月至 12 月间与金陵大学有关人员的往来通信，大部分通信为机打，少部分为手写。

案卷号 RG011-222-3756

文件-1　　(1) 题名：毕律斯通信

(2) 时间：1940 年

(3) 语言：英语

(4) 提要：该文件是金陵大学美籍会计主任毕律斯 1940 年 1 月至 6 月间与金陵大学有关人员的往来通信，通信都为机打。

案卷号 RG011-222-3757

文件-1　　(1) 题名：毕律斯通信

(2) 时间：1940 年

(3) 语言：英语

(4) 提要：该文件是金陵大学美籍会计主任毕律斯 1940 年 7 月至 12 月间与金陵大学有关人员的往来通信，大部分通信为机打，少部分为手写。

案卷号 RG011-222-3758

文件-1　　(1) 题名：毕律斯通信

(2) 时间：1941 年

(3) 语言：英语

(4) 提要：该文件是金陵大学美籍会计主任毕律斯 1941 年 1 月

至6月间与金陵大学有关人员的往来通信，大部分通信为机打，少部分为手写。

案卷号 RG011-222-3759

文件-1
（1）题名：毕律斯通信
（2）时间：1941年
（3）语言：英语
（4）提要：该文件是金陵大学美籍会计主任毕律斯1941年7月至12月间与金陵大学有关人员的往来通信，通信都为机打。

案卷号 RG011-222-3760

文件-1
（1）题名：毕律斯通信
（2）时间：1942年
（3）语言：英语
（4）提要：该文件是金陵大学美籍会计主任毕律斯1942年间与金陵大学有关人员的往来通信，大部分通信为机打，少部分为手写。

案卷号 RG011-222-3761

文件-1
（1）题名：毕律斯通信
（2）时间：1943年
（3）语言：英语
（4）提要：该文件是金陵大学美籍会计主任毕律斯1943年间与金陵大学有关人员的往来通信，通信都为机打。

案卷号 RG011-222-3762

文件-1
(1) 题名：毕律斯通信
(2) 时间：1944 年
(3) 语言：英语
(4) 提要：该文件是金陵大学美籍会计主任毕律斯 1944 年 2 月至 6 月间与金陵大学有关人员的往来通信，大部分通信为机打，少部分为手写。

案卷号 RG011-222-3763

文件-1
(1) 题名：毕律斯通信
(2) 时间：1944 年
(3) 语言：英语
(4) 提要：该文件是金陵大学美籍会计主任毕律斯 1944 年 7 月至 12 月间与金陵大学有关人员的往来通信，通信都为机打。

案卷号 RG011-223-3764

文件-1
(1) 题名：毕律斯通信
(2) 时间：1945 年
(3) 语言：英语
(4) 提要：该文件是金陵大学美籍会计主任毕律斯 1945 年间与金陵大学有关人员的往来通信，通信都为机打。

案卷号 RG011-223-3765

文件-1
(1) 题名：A. B. Pritchard 通信
(2) 时间：1914 年

	（3）语言：英语
	（4）提要：该文件是 A. B. Pritchard 在 1914 年间就有关财务往来事宜与 Russell Carter 的通信，通信都为机打。
文件-2	（1）题名：美国圣公会通信
	（2）时间：1922—1930 年
	（3）语言：英语
	（4）提要：该文件是美国圣公会（Protestant Episcopal Church）1922 年至 1930 年间与金陵大学有关人员的往来通信，通信都为机打。

案卷号 RG011-223-3766

文件-1	（1）题名：*Minnie H. Purcell* 通信
	（2）时间：1927—1936 年
	（3）语言：英语
	（4）提要：该文件是 Minnie H. Purcell 在 1927 年至 1936 年间与金陵大学有关人员的往来通信，部分通信为机打，部分为手写。

案卷号 RG011-223-3767

文件-1	（1）题名：*John R. Raeburn* 通信
	（2）时间：1936 年
	（3）语言：英语
	（4）提要：该文件是康奈尔大学 John R. Raeburn 在 1936 年间就任职金陵大学等事宜与金大有关人员的往来通信，大部分通信为机打，少部分为手写。

文件-2　　　（1）题名：美国改革宗教会通信
　　　　　　　（2）时间：1922—1930 年
　　　　　　　（3）语言：英语
　　　　　　　（4）提要：该文件是美国改革宗教会（Reformed Church in the United States）1922 年至 1930 年间与金陵大学有关人员的往来通信，通信都为机打。

案卷号 RG011-223-3768

文件-1　　　（1）题名：芮思娄通信
　　　　　　　（2）时间：1914—1917 年
　　　　　　　（3）语言：英语
　　　　　　　（4）提要：该文件是金陵大学农学教授芮思娄 1914 年至 1917 年间的有关通信，部分通信为机打，部分为手写。

案卷号 RG011-223-3769

文件-1　　　（1）题名：芮思娄通信
　　　　　　　（2）时间：1918 年
　　　　　　　（3）语言：英语
　　　　　　　（4）提要：该文件是金陵大学农学教授芮思娄 1918 年间的有关通信，部分通信为机打，部分为手写。

案卷号 RG011-223-3770

文件-1　　　（1）题名：芮思娄通信
　　　　　　　（2）时间：1919 年
　　　　　　　（3）语言：英语
　　　　　　　（4）提要：该文件是金陵大学农学教授芮思娄 1919 年间的有关通信，部分通信为机打，部分为手写。

案卷号 *RG011-223-3771*

文件-1
（1）题名：芮思娄通信
（2）时间：1920—1921 年
（3）语言：英语
（4）提要：该文件是金陵大学农学教授芮思娄 1920 年至 1921 年间的有关通信，部分通信为机打，部分为手写。

案卷号 *RG011-223-3772*

文件-1
（1）题名：芮思娄通信
（2）时间：1922 年
（3）语言：英语
（4）提要：该文件是金陵大学农学教授芮思娄 1922 年 1 月至 7 月间的有关通信，大部分通信为机打，少部分为手写。

案卷号 *RG011-223-3773*

文件-1
（1）题名：芮思娄通信
（2）时间：1922 年
（3）语言：英语
（4）提要：该文件是金陵大学农学教授芮思娄 1922 年 8 月至 12 月间的有关通信，大部分通信为机打，少部分为手写。

案卷号 *RG011-223-3774*

文件-1
（1）题名：芮思娄通信
（2）时间：1923 年
（3）语言：英语

(4) 提要：该文件是金陵大学农学教授芮思娄 1923 年 1 月至 5 月间的有关通信，通信都为机打。

案卷号 *RG011-223-3775*

文件-1
(1) 题名：芮思娄通信
(2) 时间：1923 年
(3) 语言：英语
(4) 提要：该文件是金陵大学农学教授芮思娄 1923 年 6 月至 12 月间的有关通信，大部分通信为机打，少部分为手写。

案卷号 *RG011-223-3776*

文件-1
(1) 题名：芮思娄通信
(2) 时间：1924 年
(3) 语言：英语
(4) 提要：该文件是金陵大学农学教授芮思娄 1924 年间的有关通信，大部分通信为机打，少部分为手写。

案卷号 *RG011-223-3777*

文件-1
(1) 题名：芮思娄通信
(2) 时间：1925—1926 年
(3) 语言：英语
(4) 提要：该文件是金陵大学农学教授芮思娄 1925 年至 1926 年间的有关通信，通信都为机打。

案卷号 RG011-223-3778

文件-1
(1) 题名：芮思娄通信
(2) 时间：1927 年
(3) 语言：英语
(4) 提要：该文件是金陵大学农学教授芮思娄 1927 年 4 月至 9 月间的有关通信，通信都为机打。

案卷号 RG011-223-3779

文件-1
(1) 题名：芮思娄通信
(2) 时间：1927 年
(3) 语言：英语
(4) 提要：该文件是金陵大学农学教授芮思娄 1927 年 10 月至 12 月间的有关通信，通信都为机打。

案卷号 RG011-224-3780

文件-1
(1) 题名：芮思娄通信
(2) 时间：1928 年
(3) 语言：英语
(4) 提要：该文件是金陵大学农学教授芮思娄 1928 年间的有关通信，大部分通信为机打，少部分为手写。

案卷号 RG011-224-3781

文件-1
(1) 题名：芮思娄通信
(2) 时间：1929—1930 年
(3) 语言：英语

(4) 提要：该文件是金陵大学农学教授芮思娄 1929 年至 1930 年 3 月间的有关通信，大部分通信为机打，少部分为手写。

案卷号 RG011-224-3782

文件-1
  （1）题名：芮思娄通信
  （2）时间：1930 年
  （3）语言：英语
  （4）提要：该文件是金陵大学农学教授芮思娄 1930 年 4 月至 12 月间的有关通信，大部分通信为机打，少部分为手写。

案卷号 RG011-224-3783

文件-1
  （1）题名：芮思娄通信
  （2）时间：1931 年
  （3）语言：英语
  （4）提要：该文件是金陵大学农学教授芮思娄 1931 年间的有关通信，大部分通信为机打，少部分为手写。

案卷号 RG011-224-3784

文件-1
  （1）题名：芮思娄通信
  （2）时间：1932 年
  （3）语言：英语
  （4）提要：该文件是金陵大学农学教授芮思娄 1932 年间的有关通信，通信都为机打。

案卷号 *RG011-224-3785*

文件-1
（1）题名：芮思娄通信
（2）时间：1933—1934 年
（3）语言：英语
（4）提要：该文件是金陵大学农学教授芮思娄 1933 年至 1934 年间的有关通信，大部分通信为机打，少部分为手写。

案卷号 *RG011-224-3786*

文件-1
（1）题名：*Edward L. Rice* 通信
（2）时间：1925 年
（3）语言：英语
（4）提要：该文件是美国俄亥俄卫斯理大学（Ohio Wesleyan University）教授 Edward L. Rice 在 1925 年间与金陵大学有关人员的往来通信，通信都为机打。

案卷号 *RG011-224-3787*

文件-1
（1）题名：*Charles H. Riggs* 通信
（2）时间：1932—1934 年
（3）语言：英语
（4）提要：该文件是金陵大学农学院教授 Charles H. Riggs 在 1932 年至 1934 年间与有关人员的往来通信，大部分通信为机打，少部分为手写。

案卷号 RG011-224-3788

文件-1
(1) 题名：Charles H. Riggs 通信
(2) 时间：1935—1940 年
(3) 语言：英语
(4) 提要：该文件是金陵大学农学院教授 Charles H. Riggs 在 1935 年至 1940 年间与有关人员的往来通信，大部分通信为机打，少部分为手写。

案卷号 RG011-224-3789

文件-1
(1) 题名：William A. Riley 通信
(2) 时间：1924—1925 年
(3) 语言：英语
(4) 提要：该文件是明尼苏达大学（The University of Minnesota）农学教授 William A. Riley 在 1924 年至 1925 年间与金陵大学有关人员的往来通信，通信都为机打。

文件-2
(1) 题名：祁家治通信
(2) 时间：1919—1927 年
(3) 语言：英语
(4) 提要：该文件是金陵大学农学院教授祁家治（George E. Ritchey）1919 年至 1927 年间的有关通信，大部分通信为机打，少部分为手写。

案卷号 RG011-224-3790

文件-1
(1) 题名：Horace G. Robson 通信
(2) 时间：1927—1932 年

(3) 语言：英语

(4) 提要：该文件是金陵大学教授 Horace G. Robson 在 1927 年至 1928 年间与金大有关人员的往来通信，部分通信为机打，部分为手写。

案卷号 RG011-224-3791

文件-1
(1) 题名：洛克菲勒基金会通信
(2) 时间：1921—1935 年
(3) 语言：英语
(4) 提要：该文件是美国洛克菲勒基金会(The Rockefeller Foundation)1921 年至 1935 年间与金陵大学的往来通信，通信都为机打。

案卷号 RG011-224-3792

文件-1
(1) 题名：*Harvey C. Roys* 通信
(2) 时间：1918 年
(3) 语言：英语
(4) 提要：该文件是 Harvey C. Roys 在 1918 年间给金陵大学文怀恩的通信，大部分通信为机打，部分为手写。

文件-2
(1) 题名：*H. L. Russell* 通信
(2) 时间：1927 年
(3) 语言：英语
(4) 提要：该文件是 H. L. Russell 在 1927 年 5 月 23 日给包文的信，谈农业合作事，通信都为机打。

文件-3　　（1）题名：*Victoria F. Russell* 通信
　　　　　　（2）时间：1924—1927 年
　　　　　　（3）语言：英语
　　　　　　（4）提要：该文件是 Victoria F. Russell 在 1924 年至 1927 年间就任职金陵大学会计等事宜与金大有关人员的往来通信，大部分通信为机打，少部分为手写。

案卷号 *RG011-224-3793*

文件-1　　（1）题名：*William P. Schell* 通信
　　　　　　（2）时间：1921—1922 年
　　　　　　（3）语言：英语
　　　　　　（4）提要：该文件是美国长老会女传教委员会（The Woman's Board of Foreign Missions of the Presbyterian Church in the U. S）William P. Schell 在 1921 年至 1922 年间与金陵大学有关人员的往来通信，通信都为机打。

案卷号 *RG011-224-3794*

文件-1　　（1）题名：夏伟师通信
　　　　　　（2）时间：1918—1919 年
　　　　　　（3）语言：英语
　　　　　　（4）提要：该文件是金陵大学文理科科长夏伟师（Guy W. Sarvis）1918 年至 1919 年间的往来通信，大部分通信为机打，少部分为手写。

案卷号 RG011-224-3795

文件-1
- (1) 题名：夏伟师通信
- (2) 时间：1923—1927 年
- (3) 语言：英语
- (4) 提要：该文件是金陵大学文理科科长夏伟师（Guy W. Sarvis）1923 年至 1927 年间的往来通信，大部分通信为机打，少部分为手写。

案卷号 RG011-224-3796

文件-1
- (1) 题名：*A. G. Daniells* 通信
- (2) 时间：1930 年
- (3) 语言：英语
- (4) 提要：该文件是基督复临安息日会（General Conference of Seventh Day Adventists）A. G. Daniells 在 1930 年间与 B. A. Garside 的往来通信，通信都为机打。

案卷号 RG011-224-3797

文件-1
- (1) 题名：*John L. Severance* 通信
- (2) 时间：1913—1915 年
- (3) 语言：英语
- (4) 提要：该文件是美国标准石油公司（Standard Oil）John L. Severance 在 1913 年至 1915 年间就捐赠等事宜与金陵大学有关人员的往来通信，大部分通信为机打，少部分为手写。

案卷号 *RG011-224-3798*

文件-1 　　（1）题名：*John L. Severance* 通信
　　　　　　（2）时间：1916—1918 年
　　　　　　（3）语言：英语
　　　　　　（4）提要：该文件是美国标准石油公司（Standard Oil）John L. Severance 在 1916 年至 1918 年间就捐赠等事宜与金陵大学有关人员的往来通信，通信都为机打。

案卷号 *RG011-224-3799*

文件-1 　　（1）题名：*John L. Severance* 通信
　　　　　　（2）时间：1919—1936 年
　　　　　　（3）语言：英语
　　　　　　（4）提要：该文件是美国标准石油公司（Standard Oil）John L. Severance 在 1919 年至 1936 年间就捐赠等事宜与金陵大学有关人员的往来通信，通信都为机打。

案卷号 *RG011-225-3800*

文件-1 　　（1）题名：*L. H. Severance* 通信
　　　　　　（2）时间：1911—1913 年
　　　　　　（3）语言：英语
　　　　　　（4）提要：该文件是美国标准石油公司（Standard Oil）L. H. Severance 在 1911 年至 1913 年间就捐赠等事宜与金陵大学有关人员的往来通信，大部分通信为机打，少部分为手写。

案卷号 RG011-225-3801

文件-1
(1) 题名：上海商业储蓄银行通信
(2) 时间：1933 年
(3) 语言：英语
(4) 提要：该文件是上海商业储蓄银行(Shanghai Commercial and Savings Bank)1933 年间与金陵大学有关人员的往来通信，通信都为机打。

文件-2
(1) 题名：萧查理通信
(2) 时间：1929—1931 年
(3) 语言：英语
(4) 提要：该文件是伯克利加州大学(University of California, Berkeley)农学教授萧查理(Charles F. Shaw)1929 年至 1931 年间与金陵大学有关人员的往来通信，大部分通信为机打，少部分为手写。

文件-3
(1) 题名：S. T. Shen 通信
(2) 时间：1932 年
(3) 语言：英语
(4) 提要：该文件是 S. T. Shen 在 1932 年 8 月 4 日致 B. A. Garside 的信件，内容为手写。

文件-4
(1) 题名：沈宗瀚通信
(2) 时间：1933 年
(3) 语言：英语
(4) 提要：该文件是金陵大学农学院教师沈宗瀚(T. H. Shen)1933 年间与 B. A. Garside 的往来通信，部分通信为机打，部分为手写。

案卷号 RG011-225-3802

文件-1
(1) 题名：*Sherwin Fund* 通信
(2) 时间：1914—1922 年
(3) 语言：英语
(4) 提要：该文件是谢尔温基金会（Sherwin Fund）有关人员 1914 年至 1922 年间就经费问题与金陵大学有关人员的往来通信，通信都为机打。

案卷号 RG011-225-3803

文件-1
(1) 题名：施尔德通信
(2) 时间：1912—1918 年
(3) 语言：英语
(4) 提要：该文件是金陵大学医科教授施尔德（Randolph T. Shields）1912 年至 1918 年间与有关人员的往来通信，部分通信为机打，部分为手写。

案卷号 RG011-225-3804

文件-1
(1) 题名：*Harry H. Sie* 通信
(2) 时间：1934 年
(3) 语言：英语
(4) 提要：该文件是金陵大学 Harry H. Sie 在 1934 年间与有关人员的往来通信，通信都为机打。

文件-2
(1) 题名：谢家声通信
(2) 时间：1916—1932 年
(3) 语言：英语

(4) 提要：该文件是金陵大学农学院教师谢家声（William Kia-shen Sie）1916 年至 1932 年间与有关人员的往来通信，部分通信为机打，部分为手写。

案卷号 RG011-225-3805

文件-1
(1) 题名：美国蚕丝协会通信
(2) 时间：1918—1925 年
(3) 语言：英语
(4) 提要：该文件是美国蚕丝协会（The Silk Association of American）1918 年至 1925 年间与金陵大学有关人员的往来通信，通信都为机打。

文件-2
(1) 题名：*Lemuel Skidmore* 通信
(2) 时间：1910—1912 年
(3) 语言：英语
(4) 提要：该文件是 Lemuel Skidmore 在 1910 年至 1912 年间与金大校董会的往来通信，部分通信为机打，部分为手写。

案卷号 RG011-225-3806

文件-1
(1) 题名：宋启迪通信
(2) 时间：1918—1919 年
(3) 语言：英语
(4) 提要：该文件是鼓楼医院美籍医生宋启迪（T. Dwight Sloan）1918 年至 1919 年 4 月间与金陵大学文怀恩等人的往来通信，大部分通信为机打，少部分为手写。

案卷号 *RG011-225-3807*

文件-1
(1) 题名：宋启迪通信
(2) 时间：1919 年
(3) 语言：英语
(4) 提要：该文件是鼓楼医院美籍医生宋启迪 1919 年 5 月至 12 月间与金陵大学有关人员的往来通信，大部分通信为机打，少部分为手写。

案卷号 *RG011-225-3808*

文件-1
(1) 题名：宋启迪通信
(2) 时间：1920—1927 年
(3) 语言：英语
(4) 提要：该文件是鼓楼医院美籍医生宋启迪（1922 年转职北京协和医学院）1920 年至 1927 年间与金陵大学有关人员的往来通信，大部分通信为机打，少部分为手写。

案卷号 *RG011-225-3809*

文件-1
(1) 题名：*Burl A. Slocum* 通信
(2) 时间：1934—1941 年
(3) 语言：英语
(4) 提要：该文件是金陵大学会计 Burl A. Slocum 在 1934 年至 1941 年间与有关人员的往来通信，通信都为机打。

案卷号 *RG011-225-3810*

文件-1
(1) 题名：*Alexander G. Small* 通信
(2) 时间：1916—1918 年
(3) 语言：英语
(4) 提要：该文件是美国建筑工程师 Alexander G. Small 在 1916 年至 1918 年间与金陵大学有关人员的往来通信，大部分通信为机打，少部分为手写。

案卷号 *RG011-225-3811*

文件-1
(1) 题名：*Alexander G. Small* 通信
(2) 时间：1919—1920 年
(3) 语言：英语
(4) 提要：该文件是美国建筑工程师 Alexander G. Small 在 1919 年至 1920 年间与金陵大学有关人员的往来通信，大部分通信为机打，少部分为手写，部分通信附金陵大学有关建筑图纸。

案卷号 *RG011-225-3812*

文件-1
(1) 题名：*Alexander G. Small* 通信
(2) 时间：1921—1924 年
(3) 语言：英语
(4) 提要：该文件是美国建筑工程师 Alexander G. Small 在 1921 年至 1924 年间与金陵大学有关人员的往来通信，通信都为机打。

案卷号 RG011-225-3813

文件-1
(1) 题名：*Alexander G. Small* 通信
(2) 时间：1927 年
(3) 语言：英语
(4) 提要：该文件是美国建筑工程师 Alexander G. Small 在 1927 年间与金陵大学有关人员的往来通信，通信都为机打。

案卷号 RG011-225-3814

文件-1
(1) 题名：*Bertha C. Smith* 通信
(2) 时间：1922 年
(3) 语言：英语
(4) 提要：该文件是 Bertha C. Smith 在 1922 年间就任职金陵大学等事宜与金陵大学有关人员的往来通信，通信都为机打。

文件-2
(1) 题名：*C. Stanly Smith* 通信
(2) 时间：1922—1924 年
(3) 语言：英语
(4) 提要：该文件是纽约奥本神学院（Auburn Theological Seminary）C. Stanly Smith 在 1922 年至 1924 年间与金陵大学有关人员的往来通信，通信都为机打。

案卷号 RG011-225-3815

文件-1
(1) 题名：史迈士通信
(2) 时间：1934—1945 年
(3) 语言：英语
(4) 提要：该文件是金陵大学美籍教师史迈士（Lewis S. C.

Smythe）1934 年至 1945 年间的往来通信，通信都为机打，部分通信附史迈士的研究报告。

案卷号 RG011-225-3816

文件-1
（1）题名：*Foreign Missions Board of Southern Baptist Convention* 通信
（2）时间：1912—1924 年
（3）语言：英语
（4）提要：该文件是美国南部浸信会外国传教委员会（Foreign Missions Board of Southern Baptist Convention）1912 年至 1924 年间与金陵大学有关人员的往来通信，通信都为机打。

案卷号 RG011-225-3817

文件-1
（1）题名：*Russell Carter* 通信
（2）时间：1912—1930 年
（3）语言：英语
（4）提要：该文件是金陵大学会计 Russell Carter 在 1912 年至 1930 年间就他人捐赠等事宜的往来通信，大部分通信为机打，少部分为手写。

文件-2
（1）题名：施雅各通信
（2）时间：1924—1930 年
（3）语言：英语
（4）提要：该文件是美国传教士、金陵大学职员施雅各（James M. Speers, Jr）1924 年至 1930 年间与有关人员的往来通信，通信都为机打。

文件-3　　　（1）题名：*Theodore C. Speers* 通信
　　　　　　　（2）时间：1936 年
　　　　　　　（3）语言：英语
　　　　　　　（4）提要：该文件是美国中部长老会（Central Presbyterian Church）Theodore C. Speers 在 1936 年间与 B. A. Garside 的往来通信，通信都为机打。

案卷号 RG011-225-3818

文件-1　　　（1）题名：*W. Mackenzie Stevens* 通信
　　　　　　　（2）时间：1934 年
　　　　　　　（3）语言：英语
　　　　　　　（4）提要：该文件是美国路易斯安那州立大学（Louisiana State University）农学院 W. Mackenzie Stevens 在 1934 年间就任职金陵大学与 B. A. Garside 的往来通信，通信都为机打。

案卷号 RG011-226-3819

文件-1　　　（1）题名：史德蔚通信
　　　　　　　（2）时间：1920—1942 年
　　　　　　　（3）语言：英语
　　　　　　　（4）提要：该文件是金陵大学农学院美籍教授史德蔚（Albert N. Steward）1920 年至 1942 年间的往来通信，大部分通信为机打，少部分为手写。

案卷号 RG011-226-3820

文件-1　　　（1）题名：*Anna Golden Stuart* 通信
　　　　　　　（2）时间：1925—1926 年

(3) 语言：英语

(4) 提要：该文件是 Anna Golden Stuart 在 1925 年至 1926 年间与金陵大学有关人员的往来通信，部分通信为机打，部分为手写。

案卷号 RG011-226-3821

文件-1
(1) 题名：司徒雷登通信
(2) 时间：1918—1930 年
(3) 语言：英语
(4) 提要：该文件是司徒雷登（John Leighton Stuart）1918 年至 1930 年间与金陵大学有关人员的往来通信，大部分通信为机打，少部分为手写。

案卷号 RG011-226-3822

文件-1
(1) 题名：*Student Volunteer Movement for Foreign Missions* 通信
(2) 时间：1918—1930 年
(3) 语言：英语
(4) 提要：该文件是美国学生海外志愿传教会（Student Volunteer Movement for Foreign Missions）1918 年至 1930 年间与金陵大学有关人员的往来通信，通信都为机打。

文件-2
(1) 题名：舒鸿通信
(2) 时间：1925 年
(3) 语言：英语
(4) 提要：该文件是舒鸿（Thomas H. Suvoong）1925 年间就任教金陵大学等事宜与金陵大学有关人员的往来通信，通信都为机打。

案卷号 *RG011-226-3823*

文件-1　　　（1）题名：*Ambrose Swasey* 通信
　　　　　　　（2）时间：1912—1916 年
　　　　　　　（3）语言：英语
　　　　　　　（4）提要：该文件是美国企业家 Ambrose Swasey 在 1912 年至 1916 年间就捐赠等事宜与金陵大学董事会有关人员的往来通信，通信都为机打。

案卷号 *RG011-226-3824*

文件-1　　　（1）题名：*Ambrose Swasey* 通信
　　　　　　　（2）时间：1917—1919 年
　　　　　　　（3）语言：英语
　　　　　　　（4）提要：该文件是美国企业家 Ambrose Swasey 在 1917 年至 1919 年 4 月间就捐赠等事宜与金陵大学有关人员的往来通信，通信都为机打。

案卷号 *RG011-226-3825*

文件-1　　　（1）题名：*Ambrose Swasey* 通信
　　　　　　　（2）时间：1919—1936 年
　　　　　　　（3）语言：英语
　　　　　　　（4）提要：该文件是美国企业家 Ambrose Swasey 在 1919 年 5 月至 1936 年间就捐赠等事宜与金陵大学有关人员的往来通信，通信都为机打。

案卷号 *RG011-226-3826*

文件-1
（1）题名：孙明经通信
（2）时间：1940—1941 年
（3）语言：英语
（4）提要：该文件是金陵大学教师孙明经（Ming-ching Swen）1940 年至 1941 年 7 月间的往来通信，部分通信为机打，部分为手写。

案卷号 *RG011-226-3827*

文件-1
（1）题名：孙明经通信
（2）时间：1941—1943 年
（3）语言：英语、中文
（4）提要：该文件是金陵大学教师孙明经 1941 年 8 月至 1943 年间的往来通信，通信都为机打，其中一封信中附有一份中文油印《金陵大学理学院电影部放演服装一览》。

案卷号 *RG011-226-3828*

文件-1
（1）题名：孙明经通信
（2）时间：1944—1945 年
（3）语言：英语、中文
（4）提要：该文件是金陵大学教师孙明经 1944 年至 1945 年间的往来通信，通信都为机打，其中在 1944 年 2 月 8 日孙明经致洛克菲勒基金会的一封信中附有中英文《金陵大学理学院电影部放映服务统计表 民国三十二年度各项放演服务之次数及观众人数》。

案卷号 RG011-226-3829

文件-1
(1) 题名：施永格通信
(2) 时间：1919—1932 年
(3) 语言：英语
(4) 提要：该文件是美国农业部专家施永格（Walter T. Swingle）1919 年至 1932 年间与金陵大学文怀恩、芮思娄等人的往来通信，通信都为机打。

案卷号 RG011-226-3830

文件-1
(1) 题名：陶行知通信
(2) 时间：1915—1916 年
(3) 语言：英语
(4) 提要：该文件是陶行知（信件中使用姓名为陶文濬的英译 Tao Wen Tsing）1915 年至 1916 年间就毕业文凭等事宜与金陵大学有关人员的往来通信，部分通信为机打，部分为手写。

文件-2
(1) 题名：*Esther E. Tappert* 通信
(2) 时间：1932—1933 年
(3) 语言：英语
(4) 提要：该文件是 Esther E. Tappert 在 1932 年至 1933 年间与金陵大学有关人员的往来通信，通信都为机打。

文件-3
(1) 题名：*Grace Taylor* 通信
(2) 时间：1918—1919 年
(3) 语言：英语
(4) 提要：该文件是 Grace Taylor 在 1918 年至 1919 年间与金陵大学有关人员的往来通信，部分通信为机打，部分为手写。

案卷号 RG011-226-3831

文件-1
(1) 题名：*Teachers Insurance and Annuity Association of America* 通信
(2) 时间：1926—1931 年
(3) 语言：英语
(4) 提要：该文件是美国教师退休基金会（Teachers Insurance and Annuity Association of America）1926 年至 1931 年间与金陵大学有关人员的往来通信，通信都为机打。

文件-2
(1) 题名：*David W. Teachout* 通信
(2) 时间：1916—1925 年
(3) 语言：英语
(4) 提要：该文件是 David W. Teachout 在 1916 年至 1925 年间与金陵大学有关人员的往来通信，通信都为机打。

案卷号 RG011-226-3832

文件-1
(1) 题名：*Warren S. Thompson* 通信
(2) 时间：1929—1930 年
(3) 语言：英语
(4) 提要：该文件是美国迈阿密大学（Miami University）教授 Warren S. Thompson 在 1929 年至 1930 年间与金陵大学有关人员的往来通信，大部分通信为机打，少部分为手写。

文件-2
(1) 题名：唐美森通信
(2) 时间：1917—1945 年
(3) 语言：英语
(4) 提要：该文件是金陵大学化学系主任唐美森（J. Claude

Thomson)1917 年至 1945 年间的往来通信，大部分通信为机打，少部分为手写。

案卷号 RG011-226-3833

文件-1
（1）题名：*R. M. Tisinger* 通信
（2）时间：1930 年
（3）语言：英语
（4）提要：该文件是康奈尔大学乡村教育系 R. M. Tisinger 在 1930 年 3 月至 4 月间与金陵大学芮思娄的往来通信，通信都为机打，该文件内容与 RG011-226-3833A 中部分内容重复。

案卷号 RG011-226-3833A

文件-1
（1）题名：*R. M. Tisinger* 通信
（2）时间：1930 年
（3）语言：英语
（4）提要：该文件是康奈尔大学乡村教育系 R. M. Tisinger 在 1930 年间与金陵大学有关人员的往来通信，通信都为机打，部分通信与 RG011-226-3833 中重复。

文件-2
（1）题名：*Annie W. Treadway* 通信
（2）时间：1924 年
（3）语言：英语
（4）提要：该文件是 Annie W. Treadway 在 1924 年间与金陵大学有关人员的往来通信，通信都为机打。

文件-3
(1) 题名：*Clifford S. Trimmer* 通信
(2) 时间：1922—1932 年
(3) 语言：英语
(4) 提要：该文件是美国卫理会外国传教委员会（Board of Foreign Missions of the Methodist Episcopal Church）Clifford S. Trimmer 夫妇 1922 年至 1932 年间与金陵大学有关人员的往来通信，通信都为机打。

案卷号 RG011-226-3834

文件-1
(1) 题名：*Mrs. Charles P. Turner* 通信
(2) 时间：1912 年
(3) 语言：英语
(4) 提要：该文件是 Mrs. Charles P. Turner 在 1912 年间与金陵大学有关人员的往来通信，通信都为机打。

文件-2
(1) 题名：*Edith M. Turner* 聘用合约
(2) 时间：1934 年
(3) 语言：英语
(4) 提要：该文件是 1934 年 10 月金陵大学聘请 Edith M. Turner 担任英文系讲师的合约。

文件-3
(1) 题名：*P. Margaret Turner* 通信
(2) 时间：1936—1945 年
(3) 语言：英语
(4) 提要：该文件是金陵大学秘书 P. Margaret Turner 在 1936 年至 1945 年间与有关人员的往来通信，部分通信为机打，部分为手写。

案卷号 *RG011-227-3835*

文件-1
(1) 题名：*Paul D. Twinem* 夫妇通信
(2) 时间：1919—1936 年
(3) 语言：英语
(4) 提要：该文件是美国哈特福德神学院（Hartford Theological Seminary）Paul D. Twinem 及其夫人（Mary Fine Twinem）1919 年至 1936 年间与金陵大学有关人员的往来通信，部分通信为机打，部分为手写。

文件-2
(1) 题名：*George R. Twiss* 通信
(2) 时间：1924—1925 年
(3) 语言：英语
(4) 提要：该文件是美国俄亥俄州立大学（Ohio State University）教育学教授 George R. Twiss 在 1924 年至 1925 年间与金陵大学有关人员的往来通信，部分通信为机打，部分为手写。

案卷号 *RG011-227-3836*

文件-1
(1) 题名：*Shanghai Union Medical School* 通信
(2) 时间：1921—1922 年
(3) 语言：英语
(4) 提要：该文件是上海联和医学院（Shanghai Union Medical School）1921 年至 1922 年间与金陵大学有关人员的往来通信，通信都为机打。

案卷号 RG011-227-3837

文件-1
（1）题名：美国基督教联合传教会通信
（2）时间：1920—1922 年
（3）语言：英语
（4）提要：该文件是美国基督教联合传教会（United Christian Missionary Society）1920 年至 1922 年间与金陵大学有关人员的往来通信，大部分通信为机打，少部分为手写。

案卷号 RG011-227-3838

文件-1
（1）题名：美国基督教联合传教会通信
（2）时间：1923—1924 年
（3）语言：英语
（4）提要：该文件是美国基督教联合传教会 1923 年至 1924 年间与金陵大学有关人员的往来通信，通信都为机打。

案卷号 RG011-227-3839

文件-1
（1）题名：美国基督教联合传教会通信
（2）时间：1925—1927 年
（3）语言：英语
（4）提要：该文件是美国基督教联合传教会 1925 年至 1927 年间与金陵大学有关人员的往来通信，大部分通信为机打，少部分为手写。

案卷号 RG011-227-3840

文件-1 （1）题名：美国基督教联合传教会通信
（2）时间：1928年
（3）语言：英语
（4）提要：该文件是美国基督教联合传教会1928年间与金陵大学有关人员的往来通信，通信都为机打。

案卷号 RG011-227-3841

文件-1 （1）题名：美国基督教联合传教会通信
（2）时间：1929—1930年
（3）语言：英语
（4）提要：该文件是美国基督教联合传教会1929年至1930年间与金陵大学有关人员的往来通信，通信都为机打。

案卷号 RG011-227-3842

文件-1 （1）题名：美国基督教联合传教会通信
（2）时间：1931—1933年
（3）语言：英语
（4）提要：该文件是美国基督教联合传教会1931年至1933年间与金陵大学有关人员的往来通信，通信都为机打。

案卷号 RG011-227-3843

文件-1 （1）题名：美国基督教联合传教会通信
（2）时间：1934—1936年
（3）语言：英语

（4）提要：该文件是美国基督教联合传教会1934年至1936年间与金陵大学有关人员的往来通信，通信都为机打。

案卷号 RG011-227-3844

文件-1
(1) 题名：美国基督教联合传教会通信
(2) 时间：1941—1945年
(3) 语言：英语
(4) 提要：该文件是美国基督教联合传教会1941年至1945年间与金陵大学有关人员的往来通信，通信都为机打。

案卷号 RG011-227-3845

文件-1
(1) 题名：美国联合福音会通信
(2) 时间：1922年
(3) 语言：英语
(4) 提要：该文件是美国联合福音会（United Evangelical Church）1922年间与金陵大学有关人员的往来通信，通信都为机打。

文件-2
(1) 题名：美国国务院通信
(2) 时间：1928—1937年
(3) 语言：英语
(4) 提要：该文件是美国国务院（United States Department of States）1928年至1937年间与金陵大学有关人员的往来通信，通信都为机打。

文件-3
(1) 题名：美国财政部通信
(2) 时间：1935年
(3) 语言：英语

(4) 提要：该文件是美国财政部（United States Treasury Department）1935 年间与金陵大学的往来通信，通信都为机打。

案卷号 RG011-227-3846

文件-1
(1) 题名：鼓楼医院通信
(2) 时间：1918—1942 年
(3) 语言：英语
(4) 提要：该文件是金陵大学附属南京鼓楼医院 1918 年至 1942 年间与有关人员的往来通信，通信都为机打，部分通信附有鼓楼医院年度报告。

文件-2
(1) 题名：芝加哥大学出版社通信
(2) 时间：1930 年
(3) 语言：英语
(4) 提要：该文件是芝加哥大学出版社（The University of Chicago Press）1930 年间与 B. A. Garside 的通信，通信都为机打。

文件-3
(1) 题名：迪芬多弗通信
(2) 时间：1914—1916 年
(3) 语言：英语
(4) 提要：该文件是迪芬多弗（R. E. Diffendorfer）1914 年至 1916 年间与福开森、包文、文怀恩等人的往来通信，部分通信为机打，部分为手写。

案卷号 *RG011-227-3847*

文件-1 　　（1）题 名：*Helena G. Van Vliet* 通信
　　　　　　　（2）时 间：1923—1935 年
　　　　　　　（3）语 言：英语
　　　　　　　（4）提 要：该文件是纽约卫理会医院（Methodist Episcopal Hospital）Helena G. Van Vliet 在 1923 年至 1935 年间与金陵大学有关人员的往来通信，大部分通信为机打，少部分为手写。

文件-2 　　（1）题 名：*Peirce C. Vaughn* 通信
　　　　　　　（2）时 间：1935 年
　　　　　　　（3）语 言：英语
　　　　　　　（4）提 要：该文件是 Peirce C. Vaughn 在 1935 年间就任职金陵大学英语教师事宜与有关人员的往来通信，通信都为机打，含 Peirce C. Vaughn 与金陵大学的聘任合同。

案卷号 *RG011-227-3848*

文件-1 　　（1）题 名：魏正思通信
　　　　　　　（2）时 间：1924—1925 年
　　　　　　　（3）语 言：英语
　　　　　　　（4）提 要：该文件是金陵大学美籍教师魏正思（Charles Wade Jones）1924 年至 1925 年间的通信，部分通信为机打，部分为手写。

文件-2 　　（1）题 名：*Elizabeth Walker* 通信
　　　　　　　（2）时 间：1914—1927 年
　　　　　　　（3）语 言：英语
　　　　　　　（4）提 要：该文件是南京鼓楼医院会计 Elizabeth Walker 在 1914

年至 1927 年间与有关人员的往来通信，部分通信为机打，部分为手写。

文件-3
(1) 题名：王正廷通信
(2) 时间：1918—1919 年
(3) 语言：英语
(4) 提要：该文件是王正廷（Cheng Ting Wang）1918 年至 1919 年间与金陵大学有关人员的往来通信，部分通信为机打，部分为手写。

案卷号 RG011-227-3849

文件-1
(1) 题名：Florence M. Warner 通信
(2) 时间：1926—1929 年
(3) 语言：英语
(4) 提要：该文件是 Florence M. Warner 在 1926 年至 1929 年间就任职金陵大学等事宜与有关人员的往来通信，部分通信为机打，部分为手写。

文件-2
(1) 题名：苑礼文通信
(2) 时间：1929—1930 年
(3) 语言：英语
(4) 提要：该文件是美国国际传教协会（International Missionary Council）秘书苑礼文（Abbe L. Warnshuis）1929 年至 1930 年间与金陵大学有关人员的往来通信，通信都为机打。

文件-3
(1) 题名：George F. Warren 通信
(2) 时间：1931—1936 年
(3) 语言：英语

	（4）提要：该文件是康奈尔大学农业学者 George F. Warren 在 1931 年至 1936 年间与金陵大学有关人员的往来通信，通信都为机打。
文件-4	（1）题名：*Stanley W. Warren* 通信 （2）时间：1931 年 （3）语言：英语 （4）提要：该文件是康奈尔大学 Stanley W. Warren 在 1931 年间与金陵大学有关人员的往来通信，大部分通信为机打，少部分为手写。

案卷号 RG011-227-3850

文件-1	（1）题名：*David Weeks* 通信 （2）时间：1931—1932 年 （3）语言：英语 （4）提要：该文件是伯克利加州大学（University of California, Berkeley）农学院农业经济系 David Weeks 在 1931 年至 1932 年间与金陵大学有关人员的往来通信，通信都为机打。
文件-2	（1）题名：魏学仁通信 （2）时间：1936—1942 年 （3）语言：英语 （4）提要：该文件是金陵大学理学院院长魏学仁（Hsioh Ren Wei）1936 年至 1942 年间与有关人员的往来通信，通信都为机打。
文件-3	（1）题名：*Pete Weigel* 通信 （2）时间：1918—1919 年

(3) 语言：英语

(4) 提要：该文件是 Pete Weigel 在 1918 年至 1919 年与金陵大学有关人员的往来通信，部分通信为机打，部分为手写。

文件-4

(1) 题名：*W. E. Weld* 通信

(2) 时间：1935 年

(3) 语言：英语

(4) 提要：该文件是美国罗切斯特大学（University of Rochester）W. E. Weld 与金陵大学有关人员的往来通信，通信都为机打。

文件-5

(1) 题名：*Wesleyan Methodist Missinoary Society* 通信

(2) 时间：1930 年

(3) 语言：英语

(4) 提要：该文件是英国大英循道会（Wesleyan Methodist Missinoary Society）1930 年间与金陵大学有关人员的往来通信，通信都为机打。

案卷号 *RG011-227-3851*

文件-1

(1) 题名：*Rachel A. S. Wheeler* 通信

(2) 时间：1916—1927 年

(3) 语言：英语

(4) 提要：该文件是 Rachel A. S. Wheeler 及其家人 1916 年至 1927 年间就捐赠、工作等事宜与金陵大学有关人员的往来通信，部分通信为机打，部分为手写。

案卷号 *RG011-228-3852*

文件-1
（1）题名：*W. Reginald Wheeler* 通信
（2）时间：1918—1933 年
（3）语言：英语
（4）提要：该文件是 W. Reginald Wheeler 在 1918 年至 1933 年间与金陵大学有关人员的往来通信，通信都为机打，部分通信后附有 W. Reginald Wheeler 撰写的关于中国的英文文章。

案卷号 *RG011-228-3853*

文件-1
（1）题名：*W. Reginald Wheeler* 通信
（2）时间：1934 年
（3）语言：英语
（4）提要：该文件是 W. Reginald Wheeler 在 1934 年间与金陵大学有关人员的往来通信，大部分通信为机打，少部分为手写。

案卷号 *RG011-228-3854*

文件-1
（1）题名：*W. Reginald Wheeler* 通信
（2）时间：1935—1937 年
（3）语言：英语
（4）提要：该文件是 W. Reginald Wheeler 在 1935 年至 1937 年间与金陵大学有关人员的往来通信，大部分通信为机打，少部分为手写。

案卷号 *RG011-228-3855*

文件-1
(1) 题名：*Maud E. Whipple* 通信
(2) 时间：1926—1934 年
(3) 语言：英语
(4) 提要：该文件是波士顿大学宗教教育系 Maud E. Whipple 女士 1926 年至 1934 年间与金陵大学有关人员的往来通信，部分通信为机打，部分为手写。

案卷号 *RG011-228-3856*

文件-1
(1) 题名：*Walter G. Whitman* 通信
(2) 时间：1925 年
(3) 语言：英语
(4) 提要：该文件是 Walter G. Whitman 在 1925 年间就任职金陵大学等事宜与金大有关人员的往来通信，部分通信为机打，部分为手写。

案卷号 *RG011-228-3857*

文件-1
(1) 题名：魏庚通信
(2) 时间：1926—1931 年
(3) 语言：英语
(4) 提要：该文件是美国康奈尔大学农学院教授魏庚（R. G. Wiggans）1926 年至 1931 年间与金陵大学有关人员的往来通信，大部分通信为机打，少部分为手写，部分通信后附有魏庚撰写的英文研究报告。

案卷号 RG011-228-3858

文件-1
(1) 题名：*Walter F. Willocx* 通信
(2) 时间：1930 年
(3) 语言：英语
(4) 提要：该文件是美国康奈尔大学教授 Walter F. Willocx 在 1930 年间与金陵大学有关人员的往来通信，通信都为机打。

文件-2
(1) 题名：*T. A. Bisson* 通信
(2) 时间：1936 年
(3) 语言：英语
(4) 提要：该文件是 T. A. Bisson 在 1936 年间与金陵大学有关人员的往来通信，部分通信为机打，部分为手写。

案卷号 RG011-228-3859

文件-1
(1) 题名：文怀恩通信
(2) 时间：1911—1913 年
(3) 语言：英语
(4) 提要：该文件是金陵大学副校长文怀恩 1911 年至 1913 年间与有关人员的往来通信，大部分通信为机打，少部分为手写。

案卷号 RG011-228-3860

文件-1
(1) 题名：文怀恩通信
(2) 时间：1914 年
(3) 语言：英语
(4) 提要：该文件是金陵大学副校长文怀恩 1914 年间与有关人员的往来通信，大部分通信为机打，少部分为手写。

案卷号 *RG011-228-3861*

文件-1
(1) 题名：文怀恩通信
(2) 时间：1915—1916 年
(3) 语言：英语
(4) 提要：该文件是金陵大学副校长文怀恩 1915 年至 1916 年间与有关人员的往来通信，大部分通信为机打，少部分为手写。

案卷号 *RG011-228-3862*

文件-1
(1) 题名：文怀恩通信
(2) 时间：1917—1918 年
(3) 语言：英语
(4) 提要：该文件是金陵大学副校长文怀恩 1917 年至 1918 年 6 月间与有关人员的往来通信，大部分通信为机打，少部分为手写。

案卷号 *RG011-228-3863*

文件-1
(1) 题名：文怀恩通信
(2) 时间：1918 年
(3) 语言：英语
(4) 提要：该文件是金陵大学副校长文怀恩 1918 年 9 月至 12 月间与有关人员的往来通信，大部分通信为机打，少部分为手写。

案卷号 RG011-228-3864

文件-1
（1）题名：文怀恩通信
（2）时间：1919 年
（3）语言：英语
（4）提要：该文件是金陵大学副校长文怀恩 1919 年 1 月至 4 月间与有关人员的往来通信，大部分通信为机打，少部分为手写。

案卷号 RG011-228-3865

文件-1
（1）题名：文怀恩通信
（2）时间：1919 年
（3）语言：英语
（4）提要：该文件是金陵大学副校长文怀恩 1919 年 5 月至 11 月间与有关人员的往来通信，大部分通信为机打，少部分为手写。

案卷号 RG011-228-3866

文件-1
（1）题名：文怀恩通信
（2）时间：1920—1921 年
（3）语言：英语
（4）提要：该文件是金陵大学副校长文怀恩 1920 年至 1921 年间与有关人员的往来通信，通信都为机打。

案卷号 RG011-229-3867

文件-1
（1）题名：文怀恩通信
（2）时间：1922 年

    （3）语言：英语

    （4）提要：该文件是金陵大学副校长文怀恩1922年2月至5月间与有关人员的往来通信，通信都为机打。

案卷号 *RG011-229-3868*

文件-1
  （1）题名：文怀恩通信
  （2）时间：1922年
  （3）语言：英语
  （4）提要：该文件是金陵大学副校长文怀恩1922年6月至12月间与有关人员的往来通信，大部分通信为机打，少部分为手写。

案卷号 *RG011-229-3869*

文件-1
  （1）题名：文怀恩通信
  （2）时间：1923年
  （3）语言：英语
  （4）提要：该文件是金陵大学副校长文怀恩1923年1月至5月间与有关人员的往来通信，大部分通信为机打，少部分为手写。

案卷号 *RG011-229-3870*

文件-1
  （1）题名：文怀恩通信
  （2）时间：1923年
  （3）语言：英语
  （4）提要：该文件是金陵大学副校长文怀恩1923年6月至12月间与有关人员的往来通信，大部分通信为机打，少部分为手写。

案卷号 *RG011-229-3871*

文件-1
(1) 题名：文怀恩通信
(2) 时间：1924—1926 年
(3) 语言：英语
(4) 提要：该文件是金陵大学副校长文怀恩1924年至1926年间与有关人员的往来通信，大部分通信为机打，少部分为手写。

案卷号 *RG011-229-3872*

文件-1
(1) 题名：文怀恩夫人通信
(2) 时间：1927—1936 年
(3) 语言：英语
(4) 提要：该文件是金陵大学副校长文怀恩夫人（Mrs. J. E. Williams）在1927年至1936年间与金陵大学有关人员的往来通信，大部分通信为机打，少部分为手写。

文件-2
(1) 题名：*Mornay Williams* 通信
(2) 时间：1918 年
(3) 语言：英语
(4) 提要：该文件是 Mornay Williams 在1918年间与金陵大学有关人员的往来通信，通信都为机打。

案卷号 *RG011-229-3873*

文件-1
(1) 题名：*Marjorie Wilson* 通信
(2) 时间：1936—1938 年
(3) 语言：英语

(4) 提要：该文件是南京鼓楼医院护士长 Marjorie Wilson 在 1936 年至 1938 年间与金陵大学有关人员的往来通信，部分通信为机打，部分为手写。

案卷号 RG011-229-3874

文件-1
(1) 题名：韦如柏通信
(2) 时间：1935—1936 年
(3) 语言：英语
(4) 提要：该文件是南京鼓楼医院美籍医生韦如柏（Robert O. Wilson）1935 年至 1936 年间与金陵大学有关人员的往来通信，大部分通信为机打，少部分为手写。

案卷号 RG011-229-3875

文件-1
(1) 题名：韦如柏通信
(2) 时间：1937 年
(3) 语言：英语
(4) 提要：该文件是南京鼓楼医院美籍医生韦如柏 1937 年间与金陵大学有关人员的往来通信，通信都为机打。

案卷号 RG011-229-3876

文件-1
(1) 题名：韦如柏通信
(2) 时间：1938—1941 年
(3) 语言：英语
(4) 提要：该文件是南京鼓楼医院美籍医生韦如柏 1938 年至 1941 年间与金陵大学有关人员的往来通信，大部分通信为机打，少部分为手写。

案卷号 RG011-229-3877

文件-1
（1）题名：韦理生（Wilbur F. Wilson）通信
（2）时间：1913—1936 年
（3）语言：英语
（4）提要：该文件是金陵大学外文系系主任、金大附中校长韦理生（Wilbur F. Wilson）1913 年至 1936 年间的往来通信，部分通信为机打，部分为手写。

案卷号 RG011-229-3878

文件-1
（1）题名：花嗣恩通信
（2）时间：1915—1933 年
（3）语言：英语
（4）提要：该文件是美国女传教士、金陵大学附属中学教师花嗣恩（Adelaide M. Wixon）1915 年至 1933 年间的往来通信，部分通信为机打，部分为手写。

文件-2
（1）题名：F. F. Wood Wood Scholarship Fund 通信
（2）时间：1923—1924 年
（3）语言：英语
（4）提要：该文件是 1923 年至 1924 年间金陵大学有关人员与 F. F. Wood 夫妇就伍德励学基金（Wood Scholarship Fund）等事宜的往来通信，部分通信为机打，部分为手写。

案卷号 RG011-229-3879

文件-1
（1）题名：C. Louise Woodbridge 通信
（2）时间：1925—1926 年

(3) 语言：英语

(4) 提要：该文件是 C. Louise Woodbridge 在 1925 年至 1926 年间与金陵大学有关人员的往来通信，部分通信为机打，部分为手写。

文件-2

(1) 题名：吴伟士通信

(2) 时间：1918—1919 年

(3) 语言：英语

(4) 提要：该文件是金陵大学农学院美籍教授吴伟士（C. W. Woodworth）1918 年至 1919 年间与有关人员的往来通信，通信都为机打。

文件-3

(1) 题名：*Mildred E. Wright* 通信

(2) 时间：1921—1925 年

(3) 语言：英语

(4) 提要：该文件是 Mildred E. Wright 在 1921 年至 1925 年间与金陵大学有关人员的往来通信，部分通信为机打，部分为手写。

案卷号 RG011-229-3880

文件-1

(1) 题名：吴德耀通信

(2) 时间：1940—1942 年

(3) 语言：英语

(4) 提要：该文件为金陵大学毕业生吴德耀（Wu Teh-yao）1940 年至 1942 年在美留学期间与金陵大学有关人员的往来通信，大部分通信为手写，少部分为机打。

案卷号 *RG011-229-3881*

文件-1
（1）题名：*John G. Young* 通信
（2）时间：1929—1935 年
（3）语言：英语
（4）提要：该文件是金陵大学英语教师 John G. Young 在 1929 年至 1935 年间与有关人员的往来通信，部分通信为机打，部分为手写，附有 John G. Young 与金陵大学的聘任合同。

文件-2
（1）题名：基督教男子青年会通信
（2）时间：1922—1924 年
（3）语言：英语
（4）提要：该文件是美国基督教男子青年会（Young Men's Christian Association，Y. M. C. A.）1922 年至 1924 年间与金陵大学有关人员的往来通信，通信都为机打。

文件-3
（1）题名：基督教女子青年会通信
（2）时间：1922 年
（3）语言：英语
（4）提要：该文件是美国基督教女子青年会（Young Women's Christian Association，Y. W. C. A.）1922 年间与金陵大学有关人员的往来通信，通信都为机打。

文件-4
（1）题名：*Mabel R. Zander* 通信
（2）时间：1921 年
（3）语言：英语
（4）提要：该文件是 Mabel R. Zander 在 1921 年 1 月 27 日、5 月 6 日致 Russell Carter 的信，内容都为手写。

案卷号 *RG011-230-3882*

文件-1
（1）题名：*University of Nanking Budget*
（2）时间：1911—1924 年
（3）语言：英语
（4）提要：该文件是金陵大学 1911 年至 1924 年的财政预算明细。

案卷号 *RG011-230-3883*

文件-1
（1）题名：*University of Nanking Budget*
（2）时间：1925—1930 年
（3）语言：英语
（4）提要：该文件是金陵大学 1925 年至 1930 年的财政预算明细。

案卷号 *RG011-230-3884*

文件-1
（1）题名：*University of Nanking Budget*
（2）时间：1930—1934 年
（3）语言：英语
（4）提要：该文件是金陵大学 1930 年至 1934 年的财政预算明细。

案卷号 *RG011-230-3885*

文件-1
（1）题名：*University of Nanking Budget*
（2）时间：1934—1949 年
（3）语言：英语
（4）提要：该文件是金陵大学 1934 年至 1949 年（其中 1942 年至 1947 年缺）的财政预算明细。

案卷号 RG011-230-3886

文件-1
（1）题名：*Treasure's Report*
（2）时间：1910—1920 年
（3）语言：英语
（4）提要：该文件是金陵大学 1910 年至 1920 年的财政报告。

案卷号 RG011-230-3887

文件-1
（1）题名：*Treasure's Report*
（2）时间：1921—1927 年
（3）语言：英语
（4）提要：该文件是金陵大学 1921 年至 1927 年的财政报告。

案卷号 RG011-230-3888

文件-1
（1）题名：*Financial Statement*
（2）时间：1928—1932 年
（3）语言：英语
（4）提要：该文件是金陵大学 1928 年至 1932 年的财务报告。

案卷号 RG011-230-3889

文件-1
（1）题名：*Treasure's Report*
（2）时间：1933—1937 年
（3）语言：英语
（4）提要：该文件是金陵大学 1933 年至 1937 年的财政报告。

案卷号 RG011-230-3890

文件-1
(1) 题名：Financial Statement
(2) 时间：1938—1942 年
(3) 语言：英语
(4) 提要：该文件是金陵大学 1938 年至 1942 年的财务报告。

案卷号 RG011-230-3891

文件-1
(1) 题名：Financial Statement
(2) 时间：1943—1948 年
(3) 语言：英语
(4) 提要：该文件是金陵大学 1943 年至 1948 年的财务报告。

案卷号 RG011-231-3892

文件-1
(1) 题名：金陵大学财务档案
(2) 时间：1912—1939 年
(3) 语言：英语
(4) 提要：该文件是金陵大学 1912 年至 1939 年间各类琐碎、杂乱的财务档案汇集。

案卷号 RG011-233-3896

文件-1
(1) 题名：Shanghai Municipal Council Bond Records
(2) 时间：1926—1932 年
(3) 语言：英语
(4) 提要：该文件是金陵大学 1926 年至 1932 年期间购买、兑换上海供租界工部局（Shanghai Municipal Council）发行债券的记录。

案卷号 RG011-233-3897

文件-1
（1）题名：*Financial Records*
（2）时间：1939—1947 年
（3）语言：英语
（4）提要：该文件是 1939 年至 1947 年金陵大学的财务账表。

案卷号 RG011-233-3898

文件-1
（1）题名：*Records of Incorporation of Nanking Realty Corporation*
（2）时间：1934—1945
（3）语言：英语
（4）提要：该文件是金陵大学附属企业财务档案，含经营资质、企业章程、企业会议记录、财务报表等。

案卷号 RG011-233-3899

文件-1
（1）题名：*Register of Trust Funds of the University of Nanking*
（2）时间：1930 年
（3）语言：英语
（4）提要：该文件是对 1930 年以前金陵大学基金情况的一个统计，包括收入及支出。

案卷号 RG011-233-3900

文件-1
（1）题名：*Register of Trust Funds of the University of Nanking*
（2）语言：英语
（3）提要：该文件是对金陵大学基金情况的一个统计，包括收入及支出，从内容上看该文件时间似乎与 RG011-233-3899 为同一年。

案卷号 *RG011-234-3901*

文件-1
(1) 题名：*Agriculture and Forestry Notes*
(2) 时间：1923—1926 年
(3) 语言：英语
(4) 提要：该文件是金陵大学农林科（农学院）创办的《农林记录》刊物，由芮思娄主编，月刊（部分刊期为两月），主要是对金大农学院近况的介绍。该文件中收录 1923 年 11 月第 1 期至 1926 年 11/12 月出版的第 24 期。

案卷号 *RG011-234-3902*

文件-1
(1) 题名：*Agriculture and Forestry Notes*
(2) 时间：1927—1937 年
(3) 语言：英语
(4) 提要：该文件是《农林记录》第 25 期至第 43 期，从 1927 年开始，《农林记录》改为不定期出版物。

文件-2
(1) 题名：*Agriculture and Forestry Notes*
(2) 时间：1938—1941 年
(3) 语言：英语
(4) 提要：金陵大学因抗战西迁，《农林记录》因故停刊，至成都后，金大农学院于 1938 年 10 月复刊《农林记录》，复刊号编号为"成都：第一期"，此后不定期出版，主编也由芮思娄改为章之汶。该文件收录了《农林记录》成都第一期至 1941 年 10 月出版的第十三期，其中第九期缺。

案卷号 RG011-234-3903

文件-1
（1）题名：Bulletin of China's Foreign Relations
（2）时间：1931—1933 年
（3）语言：英语
（4）提要：该文件是金陵大学教职员创办的《中外关系公报》刊物，创刊于 1931 年 10 月 10 日，不定期出版，后来由金陵大学国际关系协会主办。该文件中收录 1931 年 10 月第 1 期至 1933 年 12 月第 21 期，缺第 4、第 5、第 14 三期。

案卷号 RG011-234-3904

文件-1
（1）题名：Bulletin of China's Foreign Relations
（2）时间：1934—1935 年
（3）语言：英语
（4）提要：该文件收录《中外关系公报》1934 年 1 月 15 日至 1935 年 1 月刊物，从 1934 年 1 月 15 日开始重新编号，改为第 2 卷第 1 期。该文件共收录 1934 年第 2 卷 1-7 期，1935 年第 3 卷第 1 期。

案卷号 RG011-234-3905

文件-1
（1）题名：金陵大学第二十四届毕业纪念刊
（2）时间：1934 年
（3）语言：中文、英语
（4）提要：该文件是金陵大学 1934 年毕业纪念特刊，刊前有汪精卫、林森、孙科、王世杰、陈裕光等人题词，主要内容包括本届毕业生姓名、照片、通讯录、文学作品等。

文件-2 　　　　（1）题名：金陵大学第二十五届毕业纪念刊

　　　　　　　　（2）时间：1935 年

　　　　　　　　（3）语言：中文

　　　　　　　　（4）提要：该文件是金陵大学 1935 年毕业纪念特刊，刊前有蔡元培、黄侃、林森、汪精卫等人题词，刊物中收有教师及本届毕业生照片、通讯录、毕业生文学作品等内容。

案卷号 RG011-235-3906

文件-1 　　　　（1）题名：*Economic Facts*

　　　　　　　　（2）时间：1939—1943 年

　　　　　　　　（3）语言：英语

　　　　　　　　（4）提要：该文件是金陵大学农业经济系主办的《经济事实》刊物，收录了 1939 年 9 月第 13 期、1943 年 1 月至 1943 年 10 月的第 16 期至第 25 期。

案卷号 RG011-235-3907

文件-1 　　　　（1）题名：*Economic Facts*

　　　　　　　　（2）时间：1944—1946 年

　　　　　　　　（3）语言：英语

　　　　　　　　（4）提要：该文件是金陵大学农业经济系主办的《经济事实》刊物，收录了 1944 年 9 月第 36 期、1945 年 8 月第 47 期至 1946 年 4 月第 55 期。

案卷号 RG011-235-3908

文件-1 　　　　（1）题名：经济周讯

　　　　　　　　（2）时间：1948 年

(3) 语言：中文

(4) 提要：该文件是金陵大学农业经济系主办的《经济周讯》(Economic Weekly)刊物，收录了1948年1月1日第45期至1948年8月26日第78期，其中第62、71、77期缺。该刊物主要刊登南京物价信息。

案卷号 RG011-235-3909

文件-1
(1) 题名：经济周讯
(2) 时间：1948—1949年
(3) 语言：中文
(4) 提要：该文件是金陵大学农业经济系主办的《经济周讯》刊物，收录了1948年9月2日第79期至1949年2月17日第102期，其中第87期缺。该刊物主要刊登南京物价信息。

案卷号 RG011-235-3910

文件-1
(1) 题名：电影与播音
(2) 时间：1942年
(3) 语言：中文
(4) 提要：该文件是金陵大学理学院电影与播音社创办的《电影与播音》(Film and Radio News)，由孙明经主编。该文件收录了1942年6月第1卷第4期、1942年9月第1卷第5期、1945年3月第4卷第4期、1945年6月第4卷第6期。

案卷号 RG011-235-3911

文件-1
(1) 题名：The Nanking Bulletin of Church and Community
(2) 时间：1924—1926年

(3) 语言：英语

(4) 提要：该文件是《金陵教会通讯》，主要内容是对于南京地区教堂活动的介绍，为周刊。该文件收录了1924年12月6日第328期、1925年6月13日第355期、1926年6月20日第356期。

案卷号 RG011-235-3912

文件-1

(1) 题名：*Nanking Notes and Notices of the Nanking Union Church and Community*

(2) 时间：1939—1941年

(3) 语言：英语

(4) 提要：该文件是南京联合教会于抗战时期发行的紧急通讯，为周刊，收录了1939年5月1日第2期、1940年11月1日第47期至1941年10月24日第83期，其中缺第57、59、63-68、70-71、80期。

案卷号 RG011-235-3913

文件-1

(1) 题名：*The Nanking University Magazine*

(2) 时间：1909—1910年

(3) 语言：英语、中文

(4) 提要：该文件是金陵大学前身之一汇文书院创办的杂志，关于该杂志，不少人将其称为英文版《金陵光》，其实不正确，中文版《金陵光》创刊于1913年，是作为该杂志的中文一部分，该杂志初期暂称为《汇文书院杂志》。该文件收录了《汇文书院杂志》1909年12月第1卷第1期至1910年11月第1卷第9期，缺第1卷第5期，主要为英文，含部分中文论著。该杂志后改名为《金陵大学杂志》继续出版。

文件-2　　　（1）题名：*The University of Nanking Magazine*

（2）时间：1911—1912 年

（3）语言：英语、中文

（4）提要：1911 年《汇文书院杂志》改名《金陵大学杂志》，继续不定期出版。该文件收录了 1911 年《金陵大学杂志》第 2 卷 1-6 期、1913 年第 3 卷 1-7 期，主要为英文，含部分中文论述。

案卷号 RG011-235-3914

文件-1　　　（1）题名：*The University of Nanking Magazine*

（2）时间：1913—1914 年

（3）语言：英语

（4）提要：该文件收录了 1913 年至 1914 年《金陵大学杂志》第 4 卷 1-4 期、第 5 卷 5-8 期、第 6 卷 1-7 期，其中第 4 卷与第 5 卷标号存在差误，第 4 卷第 4 期结束后，下一期直接为第 5 卷第 5 期。

文件-2　　　（1）题名：金陵光

（2）时间：1913—1914 年

（3）语言：中文

（4）提要：《金陵光》是金陵大学学生会为扩大学校影响力而同时与 *The University of Nanking Magazine* 相互配合创办的一份中文刊物，于 1913 年正式增设。该文件收录了 1913 年至 1914 年第 1 卷 1-8 期，第 2 卷 1-7 期。

案卷号 RG011-235-3915

文件-1
(1) 题名：*The University of Nanking Magazine*
(2) 时间：1915—1922 年
(3) 语言：英语
(4) 提要：该文件收录了《金陵大学杂志》1915 年第 6 卷 8-12 期、第 7 卷 1-5 期、第 8 卷 1-4 期、第 9 卷 1-5 期、第 10 卷第 1 与第 4 期、第 12 卷第 2 期。

文件-2
(1) 题名：金陵光
(2) 时间：1915—1922 年
(3) 语言：中文
(4) 提要：该文件收录了《金陵光》1915 年第 2 卷 8-12 期、第 8 卷 1-4 期、第 9 卷 1-5 期、第 10 卷第 1 与第 4 期、第 12 卷第 2 期。从 1916 年 12 月第 8 卷第 1 期开始，《金陵光》卷期编号与 *The University of Nanking Magazine* 保持一致。

案卷号 RG011-236-3916

文件-1
(1) 题名：*The University of Nanking Magazine*
(2) 时间：1923 年
(3) 语言：英语
(4) 提要：该文件收录了《金陵大学杂志》1923 年第 12 卷第 3、第 4 期以及第 13 卷第 1 期。

文件-2
(1) 题名：金陵光
(2) 时间：1923 年
(3) 语言：中文
(4) 提要：该文件收录了《金陵光》1923 年第 12 卷第 3、第 4 期以及第 13 卷第 1 期。

案卷号 *RG011-236-3917*

文件-1
（1）题名：*The University of Nanking Magazine*
（2）时间：1924 年
（3）语言：英语
（4）提要：该文件收录了《金陵大学杂志》第 13 卷第 2、第 3 期。

文件-2
（1）题名：金陵光
（2）时间：1924 年
（3）语言：中文
（4）提要：该文件收录了《金陵光》1924 年第 13 卷第 2 期以及 1924 年夏季特号。

案卷号 *RG011-236-3918*

文件-1
（1）题名：*The University of Nanking Magazine*
（2）时间：1930 年
（3）语言：英语
（4）提要：《金陵大学杂志》1928 年停刊，1930 年复刊，该文件收录了《金陵大学杂志》1930 年复刊号。

文件-2
（1）题名：金陵光
（2）时间：1930 年
（3）语言：英语
（4）提要：《金陵光》1928 年停刊，1930 年复刊，该文件收录了《金陵光》1930 年复刊号。该期也是《金陵光》最后一期，后未能再度刊行。

案卷号 RG011-237-3926

文件-1
(1) 题名：金陵大学统计资料
(2) 时间：1919—1925 年
(3) 语言：英语
(4) 提要：该文件是金陵大学 1919 年至 1925 年间的有关统计资料，包括学生人数、教师构成、学费、校产统计等。

文件-2
(1) 题名：金陵大学年度报告
(2) 时间：1921—1924 年
(3) 语言：英语
(4) 提要：该文件是 1921 年至 1924 年间的金陵大学年度报告（*Report of the University of Nanking*）。

案卷号 RG011-237-3927

文件-1
(1) 题名："南京事件"档案
(2) 时间：1927 年
(3) 语言：英语
(4) 提要：该文件是 1927 年"南京事件"前后金陵大学的有关文件，包括相关会议资料、外籍教师财产损失统计、往来通信、外籍教师撰写的事件报告等。

案卷号 RG011-237-3928

文件-1
(1) 题名："南京事件"档案
(2) 时间：1927 年
(3) 语言：英语
(4) 提要：该文件是 1927 年"南京事件"后的有关档案，包括外籍人士撰写的基督教教育报告、"南京事件"前后通信等。

案卷号 RG011-237-3929

文件-1
（1）题名：*Occasional Letter*
（2）作者：芮思娄
（3）时间：1927 年
（4）语言：英语
（5）提要：该文件是金大农林科主任芮思娄 1927 年"南京事件"后的 5 月至 12 月间撰写的有关信件，叙述金陵大学及时局情况。

文件-2
（1）题名："南京事件"档案
（2）时间：1927 年
（3）语言：英语
（4）提要：该文件是"南京事件"后进入南京的外籍人士撰写的南京时局报告、通讯等。

案卷号 RG011-237-3930

文件-1
（1）题名：*Occasional Letter*
（2）作者：芮思娄
（3）时间：1928 年
（4）语言：英语
（5）提要：该文件是金大农林科主任芮思娄 1928 年撰写的关于金陵大学及南京时局的通信。

案卷号 RG011-237-3931

文件-1
（1）题名：*The University of Nanking*
（2）时间：1932—1936 年

(3) 语言：英语

(4) 提要：该文件是金陵大学提交给校董会的关于金大的概况介绍。

文件-2   (1) 题名：*Letters From China*

(2) 作者：W. Reginald Wheeler

(3) 时间：1933—1936 年

(4) 语言：英语

(5) 提要：该文件是 W. Reginald Wheeler 在 1933 年至 1936 年间撰写的金陵大学年度概况介绍。

案卷号 RG011-237-3932

文件-1   (1) 题名：金陵大学概况通信

(2) 时间：1937—1938 年

(3) 语言：英语

(4) 提要：该文件是 W. Reginald Wheeler、陈裕光、史迈士、J. H. McCallum 等人在 1937 年至 1938 年间撰写的向美国有关教会、金陵大学在美组织提交的关于金陵大学及南京时局的报告通信。

案卷号 RG011-238-3933

文件-1   (1) 题名：金陵大学及南京时局通信

(2) 时间：1937—1939 年

(3) 语言：英语

(4) 提要：该文件是日军占领南京以后在宁美籍人士撰写的关于金陵大学、留宁美籍人士及南京时局情况的通信。

案卷号 RG011-238-3934

文件-1
（1）题名：金陵大学年度报告
（2）时间：1940—1944 年
（3）语言：英语
（4）提要：该文件是 1940 年至 1944 年金陵大学各项年度报告。

文件-2
（1）题名：University of Nanking Newsletter
（2）时间：1944 年
（3）语言：英语
（4）提要：该文件是美国纽约金大校董会发行的月刊《金陵大学通讯》（University of Nanking Newsletter），主要介绍金陵大学重要新闻，该文件收录了第 1 期至第 11 期。

案卷号 RG011-238-3935

文件-1
（1）题名：University of Nanking Newsletter
（2）时间：1945—1946 年
（3）语言：英语
（4）提要：该文件是 1945 年 1 月至 1946 年 12 月间发行的《金陵大学通讯》，收录了第 12 期至第 17 期，第 15 期缺，第 17 期以后不再编号。

文件-2
（1）题名：Latest News of Christian Colleges in China
（2）时间：1945 年
（3）语言：英语
（4）提要：该文件是 1945 年美国中国教会大学校董联合会（Associated Boards for Christian Colleges in China）发行的《中国教会大学近讯》（Latest News of Christian Colleges in China）。

文件-3　　（1）题名：金陵大学概况通信

（2）时间：1945—1946 年

（3）语言：英语

（4）提要：该文件收录了 1945 年至 1946 年间陈裕光、毕律斯等人撰写的向美国有关教会、金陵大学在美组织提交的关于金陵大学的最新概况通信。

案卷号 RG011-238-3936

文件-1　　（1）题名：金陵大学概况通信

（2）时间：1947—1950 年

（3）语言：英语

（4）提要：该文件收录了 1947 年至 1950 年间陈裕光、毕律斯等人撰写的向美国有关教会、金陵大学在美组织提交的关于金陵大学的最新概况通信。

索　引

　　本索引由中文人名索引、外文人名索引、中文机构名索引、外文机构名索引、中文文献名索引、外文文献名索引组成。索引由王雅戈等编制。

　　人名标引时，有时连同称谓一起标引，例如"包文夫人；120""包文女儿；120"，外文人名按姓在前名在后的方式标引排序。

　　机构名标引时，机构的全称、简称依原文照录，但机构名"金陵大学"及其简称"金大"标引到其二级及以下单位，如"金陵大学附属鼓楼医院""金大农学院农业经济系"等。

　　文献名标引时，选取档案文件名、提要中出现的文献名，以及索引编者根据提要含义拟写的少量文献名进行标引。档案文件名为个人姓名开头的通信，例如"毕律斯通信""卜凯通信"等，这类文件名在人名索引中标引过其姓名，为避免过度重复，文献名索引中不再标引此类款目。

中文人名、机构名、文献名索引

A

爱荷华州立学院；187

安大略农学院；154

奥本神学院；224

B

《白银与中国物价》；62

包文；10, 25, 27, 44, 57, 85, 110-120, 141, 160, 161, 170, 178, 215, 238

包文夫人；120

包文女儿；120

北京协和医学院；222

北美基督教会；89

北美浸礼会；89

北美长老会；89

贝德士；59, 60, 105, 106

贝蒂斯·加塞德；12

毕范宇；196

毕律斯；196-206, 270

标准石油公司（美国）；217, 218

波士顿大学；110

波士顿大学宗教教育系；244

伯克利加州大学；219

伯克利加州大学农学院农业经济系；241

伯明翰南方学院；163

卜凯；78，80，123，124

C

蔡元培；66，73，260

陈嵘；80

陈绍龄；55

陈卫卿；55

陈裕光；12，22，26，45，46，63，74，75，129-137，259，268，270

程淦藩；128

程锦章；127，128

程锡康；128

储瑞棠；86

D

《大公报》；62

大英循道会；242

戴芳澜；80

迪芬多弗；44，238

《电影与播音》；261

段祺瑞；73

E

俄亥俄州立大学；234

F

樊庆生；80

芳威廉；60，63，149

冯兆林；55

福开森；61，62，84，149，238

G

甘路德；152

高钟润；55

哥伦比亚大学；125

古尔彻学院；153

鼓楼医院；17，24，29，30，31，82，88，92，93，145，146，161，221，222，238，239，250

郭仁风；60，61

过探先；165

过探先夫人；165，166

H

哈比森地产公司；155

哈佛大学；159

哈佛燕京学社；32，71，155，156，157

哈特福德神学院；234

海外传教委员会；16

郝钦铭；80

《河北盐山县一百五十农家之经济及社会调查》；78

宏育书院；10

胡昌炽；80

胡佛公司；159

花嗣恩；251

华北高等教育委员会；81

华东联合医学院；87

华东联合医学院管理委员会；87

华中大学；15

黄侃；260

黄亮；80

汇文书院；9，10，54，61，262

《汇文书院杂志》；262，263

霍尔基金委员会；154

J

基督复临安息日会；217

基督会；9，10，12，13，16

基督教男子青年会；253

基督教女子青年会；253

基督教青年会；166

基督书院；9，10

贾伟廉；55

蒋志仁；55

教育部；43

金大华言科；85

《金大建设报告》；45

金大课程委员会；58，59

金大农学院蚕桑学系；67

《金大农学院公报》；68

金大农业工程系；76

《金大同学院建筑设计图》；44

金大图书馆委员会；58，59

金大校产委员会；24，45

金大校董会创立人委员会；43

金大学生工作委员会；58，59

《金大学生学籍档案》；54

金大应急管理委员会；26

《金陵大学毕业纪念特刊》；259，260

《金陵大学毕业秩序单》；51

金陵大学传教士培训学校；89

《金陵大学毕业纪念刊》；259，260

金陵大学董事会；9，10，11，12，13，20，27-35，37，43，44，70，83，87，221，228，268，269

金陵大学董事会财务委员会；20-22，28，29，30，34

金陵大学董事会章程；28

《金陵大学对以往历届学生数量（包括附中）统计表》；52

金陵大学附属幼儿园；51

金陵大学附属中学；29，31，35，51-53，94，251

《金陵大学公报》；48-50，64-66，75，77，83，89

《金陵大学购地凭证》；45

金陵大学国际关系协会；259

金陵大学化学系；231

金陵大学教师章程；42

金陵大学教育系；83

《金陵大学教职员及学生名录》；52，56

金陵大学紧急事务委员会；35-37

金陵大学理事会；17，23-27，38，42

金陵大学理学院；82，241

金陵大学理学院电影播音系；84，85

《金陵大学理学院电影部放演服装一览》；229

《金陵大学理学院电影部放映服务统计表民国三十二年度各项放演服务之次数及观众人数》；229

《金陵大学旅台港美校友通讯录》；55

《金陵大学旅台港校友手册》；55

金陵大学农林科；61，66，165，258，267

《金陵大学农林科丛刊》；78

金陵大学农学院；31，45，59，62，64-72，74-76，78-82，213，214，219，221，226，241，244，252，258

《金陵大学农学院丛刊》；80

《金陵大学农学院概况》；65

《金陵大学农学院年度报告》；64，65

金陵大学农业经济系；75，241，260，261

金陵大学农业图书研究部；71，86

金陵大学师范科；83

金陵大学同学会；44

金陵大学同学院；44

《金陵大学同学院立础纪念册》；44

金陵大学图书馆；76，86，142

《金陵大学图书馆丛刊》；86

《金陵大学图书馆方志目》；86

《金陵大学图书馆概况》；86

金陵大学图书馆委员会；58，59

《金陵大学图书馆章程》；48，49

《金陵大学图书馆中文地理书目》；86

金陵大学托事会；13-19，23，25，40，41

金陵大学外文系；60，251

金陵大学文理科；216，217

金陵大学文学院；31，50，82，94

金陵大学香港校友会；55

《金陵大学香港校友会校友通讯录》；55

金陵大学校委会；10-13，22

金陵大学校养蚕速成科；77

金陵大学校友会；44

《金陵大学校址规划图》；47

《金陵大学校址图》；46

金陵大学行政委员会；17，23-25，27，34，58，59

金陵大学学生基督教协会；53

《金陵大学学生章程》；42，43，49

《金陵大学学生指南》；48

金陵大学医科；87，88，158，220

金陵大学医学系；54

金陵大学医院委员会；17，24，29，30，34，93

金陵大学与金陵女子大学合作委员会；33

金陵大学预科；51

金陵大学元老会；12，13，19-22，28，40

《金陵大学杂志》；262-265

金陵大学章程；10，12，15，42

《金陵大学长老会奖学金学生名单》；52

金陵大学中国文化研究所；85，94，156，157

《金陵大学周围区域地图》；47

《金陵光》；262-265

《金陵教会通讯》；262

金陵女子大学；12，16，18，37，46，59，83，86，87，152

金陵女子大学董事会；20

金陵女子大学合作委员会；33

金陵女子神学院；109

金陵神学院；90，91，152，179，196

金陵神学院董事会；89，90

《金陵神学院录》；90

《经济事实》；260

《经济周讯》；260，261

K

康奈尔大学；67，68，75，143-145，155，157，166，168，170，178，179，207，

241，245

康奈尔大学农学院；244

康奈尔大学乡村教育系；232

克乃文；142

寇克伦；143

L

拉塞尔；44

来安县义农会分会；73

黎元洪；73

李小缘；85，167

林森；259，260

凌道杨；167

刘纯泌；54

刘德万；54

刘广沛；168

刘国钧；167，168

刘屡祥；55

刘廼敬；168

刘士和；54

刘锡进；54

路易斯安那州立大学农学院；226

陆之琳；55

罗会元；55

罗马州立学校；148

罗切斯特大学；242

洛夫；67，81，168

洛克菲勒基金会；70，215，229

洛克菲勒基金会国际教育委员会；163

洛克菲勒基金会中国医学委员会；138-141

M

马格诺里亚石油公司；122

马雅思；178，179

迈阿密大学；231

毛雕；86

美格斯；10

《美国帮助中国荒山造林》；74

美国财政部；237，238

美国蚕丝协会；221

美国改革宗教会；208

美国公理会海外传教委员会；99

美国国际传教协会；240

美国国内宣教部；9，10

美国国务院；237

美国基督教联合传教会；60，159，235-237

美国教师退休基金会；231

美国浸信会外国传教委员会；96-98

美国联合福音会；237

美国南部浸信会外国传教委员会；225

美国农业部；230

美国圣公会；207

美国学生海外志愿传教会；227

美国在华基督教高等教育联合董事会，22，55，59，83

美国长老会女传教委员会；216

美国长老会外国传教委员会；188-195

美国长老会外国传教执行委员会；188

美国中部长老会；226

米尔班克纪念基金会；176

明尼苏达大学；157，214

N

《南京地区作物调查及各种经济数据报告》；59

南京国际救济委员会；59，60

《南京人口：就业、收入及支出》；60
南京长老会神学院董事会；90
尼尔森·约翰逊；45
倪青原；82，181，182
纽瓦克博物馆协会；181
《纽约时报》；74
纽约卫理会医院；239
纽约州教育部；40，41，179-181
纽约州立大学；11，40，179-181
纽约州立农学院；68
《农林记录》；258

P

派登钢铁公司；186
裴义理；73，78，101-104

Q

祁家治；214
乔启明；80
钦嘉乐；85，164
钦嘉乐纪念藏书委员会；164
裘家奎；82
裘维番；55
屈映光；66

R

《日本侵略对中国高等教育影响》；60
芮恩施；66
芮思娄；67，71-74，77，79，85，127，128，141，166，208-213，230，232，257

S

沙特迈尔；44

上海供租界工部局；256
上海联和医学院；234
上海青年基督教协会；53
上海商业储蓄银行；219
上海水星出版社；59
上海长老会；17，52，56
上海长老会出版社；90
沈宗瀚；80，219
圣公会；207
师图尔；10
施尔德；61，220
施雅各；225
施永格；230
史德蔚；80，226
史迈士；62，224，225，268
舒鸿；227
《私立金陵大学普通规则》；43
《私立金陵大学文学院概况》；50，82
《私立金陵大学组织大纲草案》；43
斯泰格；44
司徒雷登；71，227
宋教仁；73
宋启迪；221，222
孙科；259
孙明经；229，261
孙文；73
孙文郁；78
孙仲逸；80

T

太平洋国际学会；60，75，162
谈和敦；145，146

唐美森；231

唐绍仪；73

陶文潜；230

陶行知；230

《同学会为募建同学会所暨开办商科事致国内外同学书》；44

土地经济学与公共事业研究所；162，170

托瑞；72

W

外国基督教传教会；150，151

《外国教会地产租照样式》；47

万国鼎；86

汪精卫；259，260

王世杰；259

王绶；80

王正廷；58，240

韦理生；11，251

韦如柏；250

魏庚；244

卫理会；9，10，12，13，16

卫理会传教委员会；171

卫理会外国传教委员会；171-176，233

卫理会医院；239

卫斯理大学；213

魏学仁；82，241

魏正思；239

文怀恩；10，44，58，143，149，151，158，160，166，167，177，178，215，221，230，238，245-249

文怀恩夫人；58，249

吴德耀；252

吴伟士；67，252

吴相淦；55

吴贻芳；83

伍德励学基金；251

伍恩；27

X

西北大学；159

西北农工改进会；45

西储大学；144

夏季学校养蚕科；77

夏伟师；216，217

《限制宗教教育问题》；62

萧查理；219

萧宗说；55

谢尔温基金会；220

谢家声；45，220，221

《新民报》；81

徐天锡；80

薛笃弼；66

Y

《一九三二年秋季文学院报告》；31

《遗传杂志》；61

义农会；72，73，77，78

易培基；66

益智书院；9，10

应廉耕；80

俞大绂；80

袁伯樵；83

袁世凯；73

苑礼文；240

Z

张陈景乐；55
张坊；147
张謇；73
张履鸾；62
章元玮；81, 127
章之汶；59, 69, 76, 82, 126, 258
长老会；9, 10, 12, 13, 16, 17, 52, 56, 57, 89, 90, 177, 188-196, 216, 226
《长老会》；165
赵经义；55
赵士讚；55
芝加哥大学出版社；238
芝加哥建筑公司；186
中国蚕桑改良国际委员会；77
《中国古代农书索引》；71
中国基督教协会；91
《中国饥荒预防因素》；73
《中国家庭教育与规模》；61
中国救荒基金会；74
中国救荒基金委员会；138
中国棉纺厂协会；72
《中国农书目录汇编》；86
中国农业协会；66
《中国森林消失》；74
中国太平洋国际学会；60, 75
《中国医学教育合作》；61
中国医学委员会；138-141
《中国医学杂志》；61
中华基督教长老会临时总会；196
《中外关系公报》；259
朱会芳；80
朱纪勋；55
朱永昌；142
《字林西报》；61

外文人名、机构名、文献名索引

A

A Brief Account of the Film & Radio Program；84
A New China in Nanking；59
A Post War Program for the College of Agriculture and Forest, University of Nanking, China；69
A Proposed Project for the Study of the Economic and Social Relationship Between City and Country by the University of Nanking；71
A Report Concerning the School of Education of the University of Nanking to the Board of Trustees；83
Abbey, Louise Shepard；94
Abbott, Lillan F.；94
Admission to the College Special Courses in Sericulture: The Summer Schools；77
Agreement Between the Board of Directors and the Board of Founders；28, 43
Agriculture and Forestry Notes；258
Ahern, Major George P.；95
Akerstrom, Clarence E.；94

Algar; 95

Allen, Dudley P.; 95

Alphabetical List of Junior and Senior College Students; 51

Alumni Directory of the University of Nanking in the United States; 54

Alumni in America; 95

America Help China Reforest Her Barren Hills; 73

American Presbyterian Mission; 177

An Experiment in Adult Education and Extension Work Among Chinese Farmers in Cooperation With Local Missionaries; 72

An Informal Conference of the Board of Trustees of the University of Nanking; 13

Analysis of Faculty and Staff of the University of Nanking; 63

Anderson, Hilda M.; 100

Announcement: East China Union Medical College, Nanking China; 87

Annual Report of the Trustees of the University of Nanking to the University of the State of New York; 40

Annual Report of the Trustees of the University of Nanking to the University of the State of New York (New York State Education Department); 40

Annual Report: The College of Agriculture and Forest; 65

Annual Statistical Report of the Trustees of the University of Nanking to the New York State Education Department; 41

Arms, Margaret; 100

Arnold, Julean; 100

Auburn Theological Seminary; 224

B

Bailie, Effie D. W.; 101

Bailie, Joseph; 57, 73

Baldwin, Maul J.; 104

Baner, Grace; 106-108

Banton, Joab H.; 104

Bao, Homer G.; 104

Barton, James L.; 105

Bashford, Bishop James W.; 105

Beach, Harlan B.; 108

Beauty, Charles E.; 108

Beguest, Hammargren; 154

Best, Nolan R.; 108

Bible Teacher Training School for Women; 109

Birmingham Southern College; 163

Bisson, T. A.; 245

Blackstone, William E.; 109

Blair, Anna Kathryn; 109

Board of Foreign Missions of the Methodist Episcopal Church; 171-176, 233

Board of Founders; 12, 19-20, 28, 43, 63

Board of Managers; 14, 17, 23-27, 37, 38, 41, 87, 89

Board of Missions and Church Extension of the Methodist Church; 171

Board of Trustees of the University of Nanking; 13-18

Boston University; 110

Bovyer, J. Wesley; 110

Bowen, Alice; 120

Bowen, Mrs. A. J.; 120

Bowen, Olive; 120

Bowman, E. M.; 121

Brady, Richard F.; 121

Brashear, John A.; 121

Brede, Alexander; 121

Briney, L. J.; 109

Brown, E. R.; 122

Brown, N. Worth; 122

Brown, Ruth C.; 122

Bucher, Adaline; 122

Bulletin of China's Foreign Relations; 259

Bulletin of the College of Agriculture and Forest, University of Nanking; 68

Bulletin of the University of Nanking: Annual Report of the College of Agricultural and Forest and Experiment Station; 64, 65

Bulletin of the University of Nanking: Report of the College of Agricultural and Forest; 64

Bulletin of the University of Nanking: Annual Report of the University Hospital; 91

Bullock, A. A.; 124

Burton, Ernest D.; 125

Butler, Nicholas Murray; 125

Butterfield, Kenyon L.; 125

By-Laws of the Board of Directors of the University of Nanking; 27

By-Laws of the Board of Founders of the University of Nanking; 19

C

Caldwell, Leonard H.; 125

Caldwell, Oliver J.; 126

Cariside, B. A.; 104

Catalogue of the Nanking Bible Training School and Affiliated Schools of Theology; 91

Catalogue of the Nanking Theological Seminary; 90

Cavert, Samuel M.; 126

Central Presbyterian Church; 226

Central-China University; 11, 12, 15

Chang, W. H.; 126

Chapman, B. Burgoyne; 127

Charles H. Riggs; 57, 213, 214

Cheer, S. N.; 127

Chen, T. M.; 128

Chen, Y. S.; 128

Cheo Kwoh-hwa; 137

Chiao, C. Y.; 137

China Famine FundCommittee; 138

China Institute of Pacific Relations; 60

China Medical Board; 138

China's Forest Gone; 74

Chow Ming I; 141

Chu, Philip S. Y.; 141

Cochran, James B.; 142

Collaboration Between Ginling and Nanking; 86

Colonization: The Organization of Nanking Branch Association; 77

Commencement Programme; 51

Condensed Schedule; 50

Constitution of the Board of Directors of the University of Nanking; 28

Constitution of the Colonization Association of Republic of China; 73

Constitution of the University of Nanking With Complete by-Laws of Board of Directors and Board of Founders; 12

Constitution of the University of Nanking; 13

Construction Needs of the University of Nanking Report Presented to the Committee on Policy; 45

Cornell University; 67, 143

Coulter, Charles W. ; 144

Courses Offered From 1931—1935; 81

Cressy, Earl H. ; 144

Crop Investigation in the Nanking Area and Sundry Economic Data; 59

Curricula of the College of Arts and College of Law of Universities Established by the North China Higher Education Commission; 81

Curtiss, W. Marshall; 145

D

Daniells, A. G. ; 217

Daniels, J. Horton; 82, 145

Darcel, Virginie; 146

Decker, J. W. ; 79

Deed Gift and of Bailment; 84

Dentistry in China; 93

Dickson, A. M. ; 146

Dorr, Charles E. ; 147

Downey, John F. ; 148

E

Earl, Leroy D. ; 148

East China Union Medical College: The Medical Department of the University of Nanking; 87

Economic Facts; 260

Education and Size of Family in China; 60

Estate of S. P. Harbison; 155

Evans, C. A. ; 100, 128

Evans, Philip S. ; 148

Excutative Committee of Foreign Missions of the Presbyterian Church in the United States; 188

Executive Committee; 17, 23, 24, 35-37

Executive-Financial Committee; 12

Extension Work; 72

F

Factors of Famine Prevention in China; 73

Faculty and Student Enrolment; 52, 56

Famine Prevention Program Five-Year Report; 74

Farm Implement Supplement; 67

Fellows, Mac C. ; 148, 149

Financial Records; 257

Financial Statement; 255, 256

Finley, John H. ; 149, 150

First Annual Report of the Lai An Branch Colony Colonization Association of Republic of China; 73

First Regular Meeting of the Board of Trustees of the University of Nanking; 14

Foreign Christian Missionary Society; 150

Foreign Missions Board of Southern Baptist Convention; 225

Forest Work Now Carried on by the University of Nanking; 74

Franquemont, E. A. ; 151

Freeman, John R. ; 151

G

Gamble, D. B. ; 152

Garside, B. A. ; 12, 128, 137, 146, 158, 177, 182, 197, 217, 219, 226, 238

General Conference of Seventh Day Adventists; 217

Gibb, Charles S. ; 79

Ginling College; 16, 18, 152

Gless, Bertha M. ; 152

Goucher College; 153

Goucher, John F. ; 153

Graduates of University of Nanking; 54

Gray, Alfred V. ; 152, 153

Griffing, Burgoyne; 153

Griffing, John B. ; 153

H

Hamilton, Clarence H. ; 154

Hancock, M. Leslie; 154, 155

Harkness, Edward S. ; 155

Harper, F. A. ; 155

Hartford Theological Seminary; 234

Harvard-Yenching Insititute; 155

Hayes, Herbert; 157

Hedlund, Glenn W. ; 157

Hedrick, Marion; 157, 158

Heh, C. M. ; 81, 158

Hickok, Paul R. ; 158

Higgins, Margaret; 158

Hiltner, Walter G. ; 158, 159

Holgate, Thomas F. ; 159

Holroyd, Ben; 159

Horne, Frank A. ; 159, 160

Horton, Elisha L. ; 160

Hospital Committee; 17, 23, 29, 30, 93

Hume, Edward H. ; 160

Hummel, W. F. ; 160

Hunt, Ella A. ; 160, 161

Hutcheson, Allen C. ; 161

Hutcheson, Judge J. C. ; 161

Hynds, Iva; 161

I

Illick, J. Theron ; 162

Index to Minutes of Meetings of Board of Managers and Board of Trustees, University of Nanking; 37

Information Blank for China Christian Colleges' Alumni; 54

Information Blank for China Christian Colleges' Faculty Members; 62

Information Relative to Christian Character of Staff and Student; 93

Institute of Pacific Relations; 162

International Education Board; 163

International Missionary Council; 240

Iowa State College; 187

J

James, Edward; 57

Jeffrey, Margaret D. ; 163

Jesup, Mrs. Morris K. ; 163

Jones, Ernest Victor; 163
Journal of Heredity; 61
Joy, James R.; 164

K
Keen Memorial Collection; 85, 164
Keigwin, A. Edwin; 165
Kennedy, David S.; 165
King, Ogden; 165

L
Land Utilization in China Project; 75
Lane, E. W.; 166
Lasell, Sidney L.; 44, 166
Letters of Commendation; 66
Levering, Joshua; 166
Lewis, Ardron B.; 166
Liang, H. S.; 167
Loan Books for Rural Works; 76
Lobensteine, Edwin C.; 168
Louisiana State University; 226
Lowdermilk, W. C.; 79
Lowdermilk, Walter; 169
Ludlow, W. O.; 169
Lusk, Elen M.; 169

M
Macklin, Wiliam E.; 170
Magnolia Petroleum Company; 122
Maynard, L. A.; 170
McCormick, Cyrus H.; 170
McCormick, Mrs. Cyrus; 169, 170

Meeting of Medical Faculty; 88
Meeting of the Board of Directors of the University of Nanking; 28-35, 37
Meeting of the Board of Managers of the East China Union Medical College; 87
Meetings of Executive-Finance Committee of the Board of Managers of the University of Nanking; 26, 27
Meetings of the Board of Managers of the University of Nanking; 26, 27
Meetings of the Executive-Finance Committee of the Board of Directors of the University of Nanking; 34
Mertlsky, Grace C.; 170, 171
Methodist Episcopal Hospital; 239
Miami University; 231
Middleton, Gordon K.; 176
Milbank Memorial Fund; 176
Millard Review; 78
Mills, Samuel J.; 176, 177
Millward, Wiliam; 177
Minutes Ginling College Committee of the Board of Trustees of the University of Nanking; 16, 18
Minutes of a Meeting of Representatives of the East China Medical Association; 88
Minutes of Annual Meeting of the Board of Managers of the Nanking Theological Seminary; 89
Minutes of College Faculty Meeting; 58
Minutes of Conference Between Representatives of Chen-tu and Nanking Universities; 14
Minutes of Conference of Joint Committee of the

Board of Managers of Chen-tu Union University and the Board of the Trustees of Nanking Union Universities; 14, 41

Minutes of Hospital Committee; 34, 93

Minutes of Meeting of the Hospital Committee; 29, 30

Minutes of Meetings of Board of Finance Committee, of Board of Founders, University of Nanking; 21

Minutes of Meetings of Board of Founders, University of Nanking; 20, 22

Minutes of Meetings of Executive Committee of the Board of Managers of the University of Nanking; 24

Minutes of Meetings of the Board of Founders, Board of Trustees of the University of Nanking; 20

Minutes of Meetings of the Board of Managers of the University of Nanking; 25

Minutes of Meetings of University of Nanking Committee, United Board for Christian Colleges in China; 22

Minutes of Preliminary Meetings to Discuss the Union of Educational Interests in Nanking Which Have Resulted in the Establishment of The University of Nanking; 10

Minutes of the Fifth Annual Meeting of the Association of Christian Colleges and Universities in China; 59

Minutes of the Meeting of the Joint Committee of Cooperation; 33

Minutes of the Meetings of the Board of Trustees of the University of Nanking; 14–16, 18

Missions in War; 60

Montgomery, R. P.; 177

Morrow, Dwight W.; 177

Moss, Leslie B.; 178

Mott, John R.; 178

Munn, Jane; 178

Murray, Butler, Nicholas; 125

Myers, C. H.; 81, 178

N

Nanking Christian University; 9

Nanking International Relief Committee; 59

Nanking Theological Seminary; 179

Nanking University Graduation Address; 61

Needs of the College of Agriculture and Forest of the University of Nanking for a Ten-Year Period of Future Development; 69

New Faculty Members; 56

New Tools for Teaching New Materials; 84

New York State College of Agriculture; 68

New York State Department of Education; 179

Newark Museum Association; 181

North China Daily News; 61

Northwestern University; 159

North, Eric M.; 182

Notes on the Rural Leaders Training School in the College of Agriculture and Forest of the University of Nanking; 76

Nursery Stock and Seed List; 76

O

Official Minutes of Executive Committee and the

Board of the University of Nanking; 23

Official Minutes of Meetings of Board of Managers and of Executive Committee of the University of Nanking; 23

Official Minutes of the Board of Trustees of the University of Nanking for 1913; 16

Official Minutes of the Board of Trustees, Hospital Committee of the University of Nanking; 23

Official Minutes of the Hospital Committee of the University of Nanking; 23

Ohio State University; 234

Ohio Wesleyan University; 213

Ontario Agricultural College; 154, 155

Otto, Earl; 182

Outline of Organization of the University of Nanking; 42

Owen, Lewis J.; 182–185

P

Parker, Joseph I.; 164, 165

Partridge, Franklin L.; 185

Paul, Charles T.; 185

Peddie School; 185

Peden Iron & Steel Company; 186

Peden, E. A.; 186

Perkings; 186

Pierce, Thirza M.; 187

Porter, Rupert. H.; 79, 187

Presbyterian Scholarship Boys in University of Nanking; 52

Price, Frank W.; 79, 196

Price, P. Frank; 196

Pritchard, A. B.; 206, 207

Prof. Bailie's Colonization Work at Kirin and the Chinese Militarists; 78

Progress Report on Project on Audio-Visual Aids in Teaching; 84

Property Account; 43

Proposed Constitution of the Central-China University; 11, 15

Proposed Constitution of the Nanking Christian University; 9

Proposed Constitution of the University of Nanking; 12

Protestant Episcopal Church; 207

Provisional General Assembly of the Presbyterian Church in China; 196

Publications of the University of Nanjing College of Agriculture and Forest; 64

Publications of the College of Agriculture and Forest of the University of Nanking; 70

Purcell, Minnie H.; 207

R

Raeburn, John R.; 207

Recommendations in Regard to the Organization of an Experiment Station; Recommendations for Work in Silk Culture to be Undertaken by the College of Agriculture and Forest, University of Nanking; 66

Records of Incorporation of Nanking Realty Corporation; 257

Reformed Church in the United States; 208

Register of Students of Nanking University; 52

Register of Trust Funds of the University of Nanking; 257

Registration by the Ministry of Education; 43

Regulations Accepted by the Faculty During the Fall Semester 1918; 42

Religious Instruction in Mission Schools; 61

Report of a Meeting of Representatives of Mission Board Having Work in China; 46

Report of Institute of Chinese Cultural Studies; 85

Report of the College of Science; 82

Report of the Division of Rural Engineering; 76

Report of the Faculty of the Nanking Theological Seminary; 91

Report of the Hospital Committee; 93

Report of the President of the University of Nanking; 38–40

Report of the President Regarding the Missionary Training Department; 89

Report of the President to the Board of Managers of the University of Nanking; 38

Report of the University of Nanking Student Christian Association; 53

Report of Work in Plant Improvement Under the Cooperative Agreement Between the College of Agriculture and Forest, University of Nanking, International Education Board and Cornell University; 67

Report on Cotton Experiment 1919; 71

Report on Mulberry and Sericulture Work; 77

Reports of the Special Committee Appointed by the Board of Directors to Make Recommendations Concerning the Registration of the Land; 46

Research Undertaken by Faculty and Students Also Miscellaneous Articles on Various Topics by Members of the Faculty; 56

Retirement Plan Proposed by Board of Founders; 63

Review, I. A. ; 69

Rice, Edward L. ; 213

Riggs Charles H. ; 214

Riley, William A. ; 214

Robson, Horace G. ; 214, 215

Rome State School; 148

Roys, Harvey C. ; 215

Rupert H. Porter; 79, 187

Rural Community Survey; 75

Rural Economy University of Nanking Visiting Professorships; 70

Russel, Victoria F. ; 216

Russell Carter; 207, 225, 253

Russell, H. L. ; 215

S

Schedules of Salaries and Allowance for Foreign Staff; 63

Schell, William P. ; 216

School, Peddie; 185

Severance, John L. ; 217, 218

Severance, L. H. ; 218

Shanghai Commercial and Savings Bank; 219

Shanghai Municipal Council Bond Records; 256

Shanghai Municipal Council; 256

Shanghai Union Medical School; 234

Shen, S. T. ; 219

Sherwin Fund; 220

Sie, Harry H.; 220

Silver and Chinese Price Level; 62

Skidmore, Lemuel; 221

Slocum, B. A.; 80

Slocum, Burl A.; 222

Small, Alexander G.; 223, 224

Smith, Bertha C.; 224

Smith, C. Stanly; 224

Speers, Theodore C.; 226

Standard Oil; 217, 218

Statement Concerning the Registration of Land of the University of Nanking; 47

Statistics for the University of Nanking; 53

Stevens, W. Mackenzie; 226

Stuart, Anna Golden; 226, 227

Student Volunteer Movement for Foreign Missions; 227

Students Refugee Experiences; 53

Suggestions and Regulations for the Guidance of Students; 42, 48

Suggestions of the Organization of a Union University With Affiliated Schools; 11

Summary Report: Nanking Cooperative Crop Improvement Project; 75

Survey of the Site of the University of Nanking; 47

Swann, Darlius Leander; 57

Swasey, Ambrose; 228

T

Tappert, Esther E.; 230

Taylor, Grace; 230

Teachers Insurance and Annuity Association of America; 231

Teachout, David W.; 231

The Board of Foreign Missions of the Presbyterian Church in the United States; 188–195

The Charles S. Keen Memorial Collection of Books Related to China; 85

The China Medical Journal; 61

The Committee of the Three Missions; 9, 10

The Effect of the Japanese Invasion on Higher Education in China; 60

The Famine Colonization Association; 73

The Great Migration and the Church in West China: Report of a Survey Made Under the Auspices of the Nanking Theological Seminary and the National Christian Council of China; 91

The Hoover Company; 159

The Institute for Research in Land Economics and Public Utilities; 162, 170, 171

The Mercury Press; 59

The Minister's Advice to Members of the Missions of Advisory Council Relative to the Registration of Their Properties in Nanking; 46

The Nanking Population: Employment, Earnings and Expenditures; 60

The Presbyterian; 165

The Present Situation of the College of Agriculture and Forest, University of Nanking; 69

The Rockefeller Foundation; 215

The Silk Association of American; 221

The Trustees of Estate of Charles M. Hall; 154

The United Christian Missionary Society; 60

The University of Chicago Press; 238

The University of Nanking Bulletin: Agriculture Department; 66

The University of Nanking Bulletin, Department of Missionary Training Announcements; 88

The University of Nanking Bulletin; 47-50, 83

The University of Nanking Library: Statistics for Books on Shelves and in Need of Shelves; 86

The University of Nanking, Minutes of the Meetings of the Board of Trustees, Board of Funders, and Reports and Other Documents Referred to in the Minutes; 19

The University of Nanking: College of Agriculture and Forest; 67

The University of Nanking: Historical Statement, Charter, by-Laws; 11

The University of Nanking: Medical School; 88

The University of Nanking: Minutes of Meetings, Boards of Trustees and Report and Other Documents Referred to in the Minutes; 13

The University of the State New York; 179

The Woman's Board of Foreign Missions of the Presbyterian Church in the US; 216

Thompson, Warren S. ; 231

Tisinger, R. M. ; 232

To the Mission Boards and Home Churches Represented in the Proposed Establishment of the Nanking Christian University; 9, 10

Tong, Hollington K. ; 78

Treadway, Annie W. ; 232

Treasure's Report; 255

Tribute in Memory of Dr. John Elis Williams; 57

Trimmer, Clifford S. ; 233

Turner, Edith M. ; 233

Turner, Mrs. Charles P. ; 233

Turner, P. Margaret; 233

Twinem, Mary Fine; 234

Twinem, Paul D. ; 234

Twiss, George R. ; 234

U-V

Union in Educational Work in Central China; 41

Union in Medical Education; 61

United Christian Missionary Society; 60, 159, 235

United Evangelical Church; 237

United States Department of States; 237

United States Treasury Department; 237

University of California, Berkeley; 219, 241

University of Minnesota; 157, 214

University of Nanking Budget; 254

University of Nanking Bulletin: University Hospital Annual Report; 92

University of Nanking Bulletin: University Hospital Report; 92

University of Nanking Rules for the College; 49

University of Nanking Rural Economy Visiting Professorships; 68

University of Nanking Staff; 56

University of Nanking Statement; 51

University of Nanking, College of Agriculture and Forest, Research Library of Old Chinese Book on Agriculture and Related Subjects; 71

University of Nanking: General Regulations; 42

University of Nanking: Official Minutes of the Board of Trustees (May 1915-April 1917), Executive Committee(for 1917), Board of Managers (for 1917), Hospital Committee (for 1917); 17

University of Rochester; 242

University of the State of New York; 11, 40, 179

Vaughn, Peirce C.; 239

Vliet, Helena G. Van; 239

W

Walker, Elizabeth; 239

Waren, George F.; 240. 241

Waren, Stanley W.; 241

Warner, Florence M.; 240

Weeks, David; 241

Weigel, Pete; 241, 242

Weld, W. E.; 242

Wesleyan Methodist Missionary Society; 242

Western Reserve University; 144

Wheeler, Rachel A. S.; 242

Wheeler, W. Reginald; 243

Whipple, Maud E.; 244

Whitman, Walter G.; 244

Williams, J. E.; 100

Williams, Mornay; 249

Willocx, Walter F.; 245

Wilson, Marjorie; 249, 250

Wood Scholarship Fund; 251

Wood, F. F.; 251

Woodbridge, C. Louise; 251, 252

Wright, Mildred E.; 252

Wu Chung-luen; 55

X–Z

Young Men's Christian Association, Y. M. C. A.; 166, 253

Young Women's Christian Association, Y. W. C. A.; 253

Young, John G.; 253

Zander, Mabel R.; 253